부자의
돈공부
빈자의
돈공부

돈이 오는 길을 알려 주는 37가지 공부 습관

부자의 돈공부

빈자의 돈공부

심두보(온유) 지음

한스미디어

돈이 오는 길을 알아야 돈이 쌓입니다.

저는 부자가 아닙니다. 부자가 되고 싶은 수많은 사람 중 한 명입니다. 사전적 의미로 부자는 '재물이 많아 살림이 넉넉한 사람'입니다. 먹고 싶은 것을 먹고, 사고 싶은 것을 사고, 하고 싶은 것을 하기 위해 우리는 부자가 되고 싶어 합니다.

이 책을 쓰면서 저는 '부자가 된다는 것'에 대해 깊이 생각해 보았습니다. 부자가 된다는 것은 과연 무엇일까요? 제 나름의 해석은 이렇습니다.

부자는 결과값입니다. 다양한 행동과 노력과 선택이 모여 우리 인생은 다양한 방향으로 뻗어 나갈 수 있는데, 부자는 그 가운데 한 가지일 뿐이지요. 누군가는 저와 달리 부자가 인생의 목표가 아닐 수도 있습니다. 그보다 더 고귀한 가치는 많이 있으니까요. 정의로운 삶, 이타적인 삶을 결과값으로 삼는 사람들은 존중받아 마땅합니다.

그래서 저는 부자라는 목표를 조금 수정했습니다. 단순히 부자만을 목표로 하기엔 조금 부족하다는 생각이 들었기 때문이지요. 저의 목표는 '행복한 이타적 부자'입니다. '부자가 되는 과정에서 나의 행복을 포기하지 않을 것이며, 또 조금의 나눔을 베풀고 싶다'는 의미입니다. 당신은 어떠한가요?

이 책은 돈에 관심을 두기 시작한, 그래서 재테크를 시작하거나 재테크에 서툰 분들을 위한 내용을 담고 있습니다. 성공한 사람들은 어떤 인생관을 가지고 있는지, 경제 공부는 어떻게 하는 것이 바람직한지, 투자란 무엇인지, 그리고 부동산 투자에는 어떻게 접근하면 될지 등에 대한 가이드가 될 것입니다. 당신이 더 깊이 있는 경제 공부를 할 수 있도록 돕는 발판이 되길 바랍니다.

지은이 심두보

CONTENTS

제2장 부자의 경제 공부법

제3장 부자의 투자 공부법

제4장 부자의 부동산 공부법

제1장

부자의 인생 공부법

성공이란, 열정을 잃지 않고 실패를 거듭할 수 있는 능력이다.

– 윈스턴 처칠Winston Churchill

POORMAN
VS
RICHMAN

가난한 사람은
필요한 것만
공부한다.

부자는
기본 원리부터
탐구한다.

가난한 사람의 공부법

"일하기도 바쁜데 다 공부할 시간이 있나? 나한테 필요한 부분만 공부해서 빨리 돈 벌어야지."

부자가 되지 못하는 사람이 가장 많이 하는 핑계 가운데 하나가 '시간이 없다'입니다. 그래서 공부도 필요한 부분만 하려 하는 경향이 있습니다. 때문에 많은 이들이 시간적 여유가 생기더라도 자신이 접하기 쉽고 이해할 수 있는 내용만 찾곤 합니다.

흔히 사람들은 주식을 공부한다고 하면서 주식 용어만 외웁니다. 그러고선 '이 회사는 주가수익비율PER이 높아서 지금 사면 안 돼', '뉴스에서 이 회사가 다른 회사를 인수한다고 하니 주식을 사야겠어'라면서 투자 의사를 결정합니다.

하지만 정작 자신이 하는 말의 진짜 의미는 알지 못합니다. 그럴 듯해 보이는 말로 투자를 정당화하지만, 뚜렷한 근거에 대해선 깊이 있는 고민을 하지 않는 것이죠. 그리고 투자에 실패하게 되면 '주식은 도박이야'라고 치부해 버립니다.

돈을 버는 데에 '운'은 중요합니다. 하지만 돈에 대해 알지 못는 사람에게 그 운은 좀처럼 따르지 않을 것입니다. 그저 도박과 같아 보일 것입니다. 그래서 공부는 더 중요합니다. 돈의 원리를 공부하세요. 그러면 처음에는 지금 당신 앞에 있는 것이 꼭 기회 만은 아니라는 사실을 알게 될 것이고, 나중에는 남들이 위험하 다고 생각하는 것 속에서 기회를 찾을 수 있습니다.

부자의 공부법

"부자도 나와 같은 사람일 뿐이야. 그들에게 뒤처지지 않게 공 부를 해 놔야 기회를 잡을 수 있어."

부자는 장인master입니다. 부자는 다양한 방식을 통해 위험과 기 대수익이라는 두 가지 속성을 조절해 가며 부를 축적합니다. 눈에 보이지 않을 뿐, 그들은 훌륭한 수익률이라는 걸작masterpiece을 만 들기 위해 밤낮 공부에 매진하고 있습니다. 겉으로는 그리 어렵지 않게 돈을 버는 것처럼 보이지만, 누구보다 많은 시간을 돈 공부 에 할애하고 있지요.

어떤 공부든지 거쳐야 할 단계가 있습니다. 초등학교와 중학교, 고등학교를 거쳐 대학교에 진학하듯, 돈에 대한 공부에도 명백한 코스가 존재합니다. 자신만의 스타일로 돈을 버는 부자도 있지만, 이는 드문 경우이므로 '나도 나만의 스타일을 밀어붙일 거야'라고 생각하기보다는 하나씩 차근차근 지식을 쌓는 게 좋습니다.

공부의 시작점을 찾는 것은 어렵지 않습니다. 자신이 없는 부분은 곧 '모른다'고 생각하면 되기 때문입니다. 예를 들어 당신이 '수요와 공급의 법칙'에 대해서 다른 사람에게 설명하기가 어렵다고 느낀다면, 고등학교 경제 교과서를 다시 펼치세요. 서점에서 미시경제학과 거시경제학 등 대학교 학부 교재를 구입해 읽는 것도 좋습니다. 내용이 조금 딱딱하게 여겨지더라도 이것이야말로 시간을 절약할 수 있는 가장 효과적인 방법입니다.

경제학은 돈의 기초를 다루는 학문입니다. 돈이 돌아가는 세상에 대한 이야기가 바로 경제학입니다. 대학 교재 외에도 쉽게 쓰인 경제학 관련 교양서적들이 시중에 많이 나와 있습니다. 주식, 채권, 부동산 등 투자 방법을 공부하기 전에 꼭 경제학에 대한 기본 개념을 잡아야 합니다. 물론 이런 지식이 투자 행위에 즉각 도움이 되진 않습니다. 그렇지만 이 같은 기초 지식이 있어야 그 위에 다른 지식을 쌓는 데 걸리는 시간을 줄일 수 있습니다. 투자와 재테크는 인생 전체에 걸쳐 이루어집니다. 따라서 이에 필요한 지식을 얻는 방식과 시간에 대해서도 심사숙고해야 합니다.

돈, 특히 경제를 공부하다 보면 그 범위가 너무 넓어 갈피를 잡기가 어렵습니다. 이럴 때는 그룹별로 크게 나누어서 보면 됩니다.

돈 공부의 시작은 경제의 원리를 공부하는 것입니다. 수요가 늘고 공급이 줄면 물건값이 오른다는 기본적인 메커니즘부터 시작해, 환율이 변했을 때 우리나라의 기업들이 어떤 영향을 받는가와 같은 다소 복잡한 메커니즘을 이해하기 위해서는 경제 용어들과 그 상관관계에 대해 알아 둘 필요가 있습니다.

예금, 적금, 보험 등 우리가 살아가는 데 최소한 한 번은 이용하게 되는 금융 상품들도 돈 공부에서 하나의 카테고리를 차지합니다. 왜 은행마다 금리에 차이가 발생하는지, 왜 보험에 가입해야 하는지, 또는 보험에 가입하지 않아도 되는 경우는 언제인지, 세금 혜택을 누릴 수 있는 상품은 무엇인지 등을 알면 목돈을 모으는 시기를 보다 앞당길 수 있습니다.

투자법이란 위험을 감수하고 더 높은 수익을 추구하는 여러 가지 방법들을 말합니다. 주식, 채권, 부동산 등 전통적인 투자처부터 금, 은, 구리 등의 실물, 사모펀드PEF 등 특수한 투자처까지 다양한 종류를 활용할 수 있습니다. 하나의 투자법을 배우려면 상당한 시간이 소요되긴 합니다. 그럼에도 불구하고, 한 가지 투자법을 익히는 것은 당신이 전쟁터에 무기를 하나 더 들고 나가는 것과 마찬가지입니다. 그만큼 부의 축적에 큰 영향을 미치는 것이지요.

가난한 사람은
할 수 없는 일은
포기한다.

부자는
부족한 부분을 채워 줄
파트너를 찾는다.

"이건 난 못 하는 일이니 빨리 포기하는 게 편해. 내가 할 수 있는 일을 찾아봐야지."

어느 날 제임스는 멋진 아이디어가 떠오릅니다. 혼자 있는 고양이를 위해 집사 대신 놀아 주는 작은 쥐 모양의 기계를 만드는 것입니다. 그 기계는 고양이의 위치를 파악하고 고양이 주위를 맴돌면서 흥미를 끕니다. 제임스는 온종일 고양이와 함께하지 못하는 수많은 집사들이 이 제품에 관심을 가질 것이라고 예상합니다.

그러려면 제임스는 무엇부터 해야 할지 생각해 봅니다. IT 기술이 없는 그는 우선 기계를 제작하는 방법을 공부해야겠다고 판단합니다. 적어도 제품을 만들기 위해선 관련 지식이 반드시 있어야겠지요. 또 제품이 완성된 후에는 마케팅을 하는 방법, 법인을 등록하고 회사를 경영하는 방법 등이 필요합니다. 제임스는 이 하나의 제품을 만들어 판매하기 위해서 할 일이 수도 없이 많다는 것을 깨닫습니다.

그는 이내 자신이 지금 다니고 있는 직장에 대해 생각합니다. 연봉도 나쁘지 않고, 무엇보다 안정적입니다. 그래서 제임스는 다음과 같이 생각하고 사업을 포기합니다.

'좋은 아이템이지만 내가 도전하기엔 역부족이야. 나는 사업을 해 본 적도 없잖아. 괜히 시간 낭비하지 말자.'

제임스는 자신의 이러한 결정에 만족합니다. 훌륭한 사업 아이디어가 있긴 하지만 현실성이 떨어지니 포기하는 것으로 자기 합리화를 했기 때문입니다. 그리고 자신의 직장이 얼마나 좋은지에 대해 다시 한 번 생각하는 기회였다고 생각합니다.

부자의 공부법

"이건 내가 할 수 없는 일이야. 이 일을 해 줄 수 있는 사람을 찾아보자. 같이할 사람이 있으면 더 큰 기회를 잡을 수 있을 거야."

제임스로부터 아이디어를 들은 피터는 그것을 실현할 수만 있다면 정말 좋은 사업이 될 수 있겠다고 판단합니다. 마케터인 피터는 제임스에게 함께 해 보자고 제안하지만, 제임스는 우리만으로

는 힘들다면서 거절합니다. 실망한 피터는 대학교를 수소문해 IT
와 기계를 전공하는 학생들을 만납니다. 그중에서 이 아이디어에
동참하고자 하는 파트너 두 사람을 찾았고, 그렇게 셋은 의기투합
해 프로젝트를 시작했습니다.

　하지만 자금이 부족했습니다. 피터는 다시 투자자를 찾아다녔
습니다. 그리고 프로젝트의 전망에 높은 점수를 준 엔젤 투자자에
게서 5만 달러를 투자를 받았습니다. 피터의 팀은 6개월의 노력
끝에 시제품을 만들었고, 유수의 스타트업 경진 대회에서 높은
순위에 오르게 되었습니다. 3년이 지난 후 피터를 포함한 창업자
셋은 회사를 500만 달러의 가치로 키워 냈습니다. 그 과정에서 피
터는 끊임없이 사람들을 사업으로 끌어들였고, 외부로부터 많은
도움을 받았습니다.

　제임스와 피터의 사례는 가상의 이야기이지만, 이러한 일들은
실제로 비일비재하게 일어납니다. 훌륭한 사업가는 뛰어난 능력
을 갖춰 일당백의 일을 해낼 수 있는 사람이 아닙니다. 오히려 부
족한 자신의 실력을 보완해 줄 인재를 찾고, 기꺼이 그들을 존중
하는 사람이 훌륭한 사업가입니다. 그러한 사업가는 결국 부자가
됩니다.

　동네에 작은 음식점을 하나 내더라도 해야 할 일이 산더미입니

다. 상점을 임대해야 하고 꾸며야 합니다. 어떤 음식을 판매할지, 재료를 어디서 구입할지, 가격은 어떻게 책정할지, 마케팅은 어떻게 할지, 적자가 지속되면 어떻게 추가 자금을 조달할지 등 짧은 기간에 수많은 이슈가 생깁니다.

가난한 사람은 이때 무너집니다. 모든 것을 혼자서 감당할 수가 없기 때문입니다. 하지만 부자는 주위 사람들에게 적극적으로 도움을 요청합니다. 그리고 자신에게 없는 능력을 갖춘 이들에게 충분한 보상을 제공하며 함께해 달라고 부탁하지요. 협업은 언제나 더 큰 파이를 만들어 낸다는 것을 알고 있기 때문입니다.

가난한 사람은
유행을
좇는다.

부자는
근본적인 변화에
주목한다.

가난한 사람의 공부법

"요즘 벌꿀아이스크림이 유행이던데 나도 가게 한번 내 볼까?"

유행했다가 사라진 수많은 프랜차이즈 음식점을 기억하시나요? 벌꿀아이스크림, 조개구이, 찜닭, 불닭 등 한때 번화가에 우후죽순 생겼던 가게들은 몇 년, 아니 몇 달을 채 버티지 못하고 사라졌습니다. 가게 하나를 내기 위해선 적게는 수천만 원, 많게는 수억 원을 투자해야 했으니 많은 사람이 큰 손실을 보고 가게를 접어야 했죠. 물론 이런 패턴은 현재도 진행되고 있습니다.

장사가 잘되는 가게를 보면 '내가 해도 되겠다'라는 생각을 하게 되고, 과감하게 투자 결정을 하게 되는 것이죠. 문제는 유행이라는 게 오래 지속되는 경우가 많지 않다는 것입니다. 투자금을 회수하고 안정적인 수입을 얻기 위해선 보통 5년 이상의 시간이 필요하지만, 유행은 2년을 채 넘기지 못하곤 하죠.

가게를 여는 경우뿐만 아니라 거의 모든 종류의 투자에는 유행이란 게 있습니다. 주식과 채권, 그리고 부동산 투자에도 유행이 있습니다. 주식시장에선 이른바 테마주가 유행과 밀접한 관련이 있죠. 대선 시기에는 대통령 후보와 관련된 기업들의 주식이 급등락을 반복합니다. 하지만 이러한 움직임은 대부분 경제적 팩트$_{fact}$보다는 '저 사람이 대통령이 되면 분명 기업에도 큰 도움이 될 거야'라는 비현실적인 기대감에 바탕을 두고 있습니다.

2017년 대선의 경우 대략 150개 종목이 대선 테마주로 분류되었습니다. 금융감독원은 이 가운데 10여 개 테마주의 움직임을 주시한 것으로 알려졌습니다. 자본시장연구원의 조사에 따르면, 대선 때문에 주가가 올랐던 종목들은 누가 대통령에 당선되었는지와 상관없이 대선 5일 후면 다시 하락한 것으로 나타났습니다.

사업과 투자 모두 누군가와 경쟁한다는 공통점이 있습니다. 비슷한 가게들이 많으면 경쟁이 치열해지고 개별 가게의 수익은 떨어집니다. 뚜렷한 근거 없이 많은 사람들이 한 기업의 주식을 사들이면 주식은 고평가되고, 유행이 지나면 급락할지도 모릅니다.

"우리나라에 1인 가구가 늘고 있어. 그럼 어디에 투자해야 하지?"

외식업은 투자자들의 주요 관심 대상입니다. 먹거리 산업은 인류가 존재하는 한 절대 사라지지 않을 분야이기 때문이지요. 하지만 잘나가는 프랜차이즈에 항상 투자자들이 몰리진 않습니다. 이들 투자자는 프랜차이즈에서 내놓는 주요 메뉴의 인기가 과연 얼마나 지속될지에 대해 항상 의심의 눈으로 바라봅니다. 그래서 사모펀드와 벤처캐피탈vc 등에 투자하는 전문 투자자들은 벌꿀아이스크림이나 조개구이처럼 트렌디한 메뉴보다 커피, 고기, 햄버거, 피자 등 오랫동안 수요가 확실히 검증된 분야에서 차별화된 서비스를 제공하는 기업에 투자하길 선호합니다.

'근본적인 변화'는 유행과 다릅니다. 소득 수준이 높아지면 사람들은 더 좋은 품질의 식품을 찾게 되고, 혼자 살아가는 사람들이 늘면 배달 음식과 간편식을 더 많이 찾게 됩니다. 가격이 좀 더 비싸지만 맛있는 배달 음식, 레스토랑에서나 볼 수 있었던 고품질의 반조리 식품에 대한 소비가 늘어나지요. 배달 앱과 심부름센터의 성장, 셰프가 만든 반조리 식품의 증가, 패스트푸드 업체의 고급화 메뉴 등은 이러한 근본적인 변화로부터 영향을 받았다고 볼 수 있습니다.

이러한 변화를 파악하기 위해서 우리는 관련 통계를 검토해야 하고, 이와 함께 어떤 기술들이 개발되고 있는지를 주의 깊게 살펴야 합니다. 하지만 그런 통계 자료와 기술이라면 너무나 많이 존재하는 탓에 이를 모두 알기는 버겁습니다. 따라서 근본적인 변화를 연구하고 관찰하는 전문가들의 의견에 귀를 기울여야 합니다. 특히 미래학자는 현재의 객관적 자료와 개인의 통찰력을 바탕으로 가까운 미래부터 수십 년 후에 대해 예측하지요.

대표적인 미래학자 중 한 사람인 엘빈 토플러Alvin Toffler, 1928~2016는 《제3의 물결》,《권력 이동》,《부의 미래》 등 미래를 전망하는 저서를 다수 집필했습니다. 활자 중독자였던 토플러는 책을 무척 좋아했습니다. 그는 '다른 사람이 자신의 전부를 다 바쳐 연구한 것을 짧은 시간 안에 내 것으로 만들 수 있기 때문'에 책을 좋아할 수밖에 없다고 말했지요.

- 《일의 미래, 무엇이 바뀌고 무엇이 오는가》

선대인 지음 | 인플루엔셜 | 2017년 3월

한국의 일자리를 둘러싼 상황이 어떻게 달라지고 있는지에 대해 이야기합니다. 저자는 인구 절벽과 소비 절벽이라는 근본적 변화로, 우리나라의 일자리도 급격히 변화할 것으로 보고 있습니다. 특히 한국 경제의 구조를 바탕으로 일자리 변화를 분석하고 있어 우리의 미래를 그려 보는 데 직접적인 도움을 얻을 수 있는 책입니다.

- 《세상을 바꿀 테크놀로지 100》

닛케이 BP사 지음 | 이정환 옮김 | 나무생각 | 2017년 3월

기술은 언제나 인류가 난관을 극복하게 해 왔습니다. 또한 우리의 삶을 윤택하게 하는 데에도 한몫했지요. 어떤 첨단 기술이 존재하며, 그것이 각 산업에 그리고 우리 생활에 어떤 영향을 미칠지를 알아보는 일은 근본적인 변화를 공부하는 첫걸음입니다. 모든 산업은 서로 연결되어 있습니다. 따라서 자신이 속한 분야가 아니더라도, 산업 전반의 주요 기술에 대해서는 개략적으로 알아 둘 필요가 있습니다.

가난한 사람은
무조건
아낀다.

부자는
효율적인
절약을 한다.

가난한 사람의 공부법

"돈은 안 쓸수록 좋아. 최대한 아껴 보자."

"절약에는 왕도가 없다"라는 말이 있습니다. 이러니저러니 해도 돈은 쓰지 않는 게 최선의 방법이라는 이야기겠죠. 틀린 말은 아닙니다. 돈은 숫자이고, 마이너스가 줄면 당연히 결과적으로 늘어나게 됩니다. 텔레비전에는 수십 년 동안 수억 원, 수십억 원을 모았다는 사례가 종종 등장합니다. 그리고 우리는 그것을 대단하게 여기지요.

사람들은 절약을 결심하고 자신의 모든 지출 분야를 점검합니다. 구매 영수증에 찍힌 물품 목록을 들여다보면서 꼭 필요하지 않은 것들을 체크하게 되는 것이지요. 그러다 보면 공과금, 통신비부터 시작해서 커피값, 교통비, 외식비 등 줄여야 할 지출들이 눈에 들어옵니다. 또 실제로 줄일 수 있는 여지가 많다고 생각하게 됩니다.

아마도 시작은 가벼울 것입니다. 일상적으로 소비하던 몇 군데에서 지출을 줄이면 당장 어느 정도의 돈이 모이는 것을 보게 될 테니까요. 그런데 이 같은 '무조건 절약하기' 방법은 그리 오래가지 않습니다. 우리의 습관이란 것이 그만큼 큰 힘을 갖고 있기 때문입니다. 일상에서의 소비는 자신의 욕구를 채우기 위해 이루어지는데, 그 욕구를 갑자기 억제하자니 스트레스를 받습니다. 결국 절약에 대한 도전은 그리 오래가지 못하고 잊히게 되는 것이죠.

자본주의는 소비를 유도합니다. 대부분의 기업들이 엄청난 돈을 들여 우리의 욕구를 자극하고 소비를 부추깁니다. 그래서 우리에게는 이에 대응하려는 체계적인 노력이 필요합니다.

부자의 공부법

"절약에도 다 방법이 있어. 어떻게 하면 장기적으로 돈을 모을 수 있을까?"

무조건 돈을 아껴야 한다고 생각하시나요? 아닙니다. 진정한 의미의 절약은 우리 생활의 '균형'을 의미합니다. 내 몸과 마음의 상태, 현재의 수입과 지출, 그리고 미래의 수입과 지출 등이 서로 얽

히고설켜 있기에, 단순히 지금의 지출을 줄임으로써 효율적인 절약을 이뤄 낼 수는 없습니다. 절약을 하는 방법이 누구에게나 똑같지는 않습니다.

그렇다면 어떻게 해야 할까요? 우선 자신에 대해 잘 알아야 합니다. 앞으로의 커리어는 어떻게 개발할지, 스트레스는 어떻게 푸는 것이 나에게 잘 맞는지, 내가 추구하는 라이프스타일은 어떤 것인지 등에 대해 고민해야 합니다. 이런 성찰을 바탕에 두고 있어야 어디에 돈을 쓸지, 또 쓰지 않을지를 결정할 수 있습니다.

특히 커리어에 대해서는 깊은 고민이 필요합니다. 대개 근로소득이 전체 수입에서 가장 큰 비중을 차지하기 때문이지요. 일을 함으로써 얻을 수 있는 소득은 결과적으로 지출의 기준이 되기도 합니다. 한 달에 1,000만 원을 버는 사람과 200만 원을 버는 사람의 소비 혹은 지출은 다릅니다. 저축액 역시 다를 수밖에 없지요.

그래서 절약을 하기 위해서는 자기 계발을 미루지 않아야 합니다. 자기 계발은 장기 투자에 비유할 수 있습니다. 짧게는 1년, 길게는 수십 년에 걸쳐 비용과 시간을 들임으로써 그 결과를 얻게 되기 때문입니다. 독서, 어학 공부, 자격증 취득, 본업 이외에 또 다른 기술에 대한 투자, 운동 등이 이에 포함됩니다. 이 모든 것은 우리 자신의 능력치를 높여 유·무형의 가치를 얻도록 도와줍니다.

- 클립QLIP

  은행에서 발신한 문자메시지와 알림을 자동으로 정리해 가계부가 작성
  됩니다. 그리고 이를 시각적으로 보여 주어 수입과 지출 내역을 편하게
  살펴볼 수 있습니다. 설정한 예산에 맞추어 소비하도록 가이드도 제공
  하며, 소비 내역을 통해 생활 방식을 자동으로 파악한 뒤 짧은 보고서
  도 보내 줍니다.

- 토스Toss

  간편하게 송금을 할 수 있습니다. 게다가 은행보다 저렴한 수수료로 거
  래를 진행할 수 있지요. 거래 건수가 많지 않다면 사실상 수수료는 부
  과되지 않습니다. 토스를 운영하는 업체인 비바리퍼블리카는 2017년
  대규모 투자를 유치하며 빠르게 성장하고 있습니다.

가난한 사람은
고집을
부린다.

부자는
유연성 있는
사고를 한다.

가난한 사람의 공부법

"내가 찾은 정보에 따르면 내 말이 맞아. 증거가 이렇게 많은데, 그래도 아니라고?"

세상은 얼마나 빨리 바뀔까요? 그러한 변화의 속도에 우리가 적응하는 데 걸리는 시간은 턱없이 부족할 것입니다. 이런 속도 차이로 많은 갈등이 일어납니다. 특히 세대 갈등은 경제, 정치, 사회 등 다양한 분야에서 발생합니다. 이는 대개 사안을 보는 시각에 차이가 생겨나서 그렇습니다. 예전에는 옳았지만 현재는 그렇지 않은 것, 과거엔 존재했으나 더는 존재하지 않는 것이 생기게 되었기 때문이지요.

우리는 누구나 고집을 피웁니다. 정도의 차이일 뿐이지요. 이를테면 사람들은 자신이 지지하는 대통령 후보, 국회의원, 연예인, 그리고 회사에 대해 말할 때 좋은 것들 위주로 이야기하는 경향이 있습니다. '팔은 안으로 굽는다'라는 속담처럼 장점은 과대평가하고, 단점은 과소평가하는 것이지요.

확증 편향conformation bias은 선입관을 뒷받침하는 근거만 받아들이고, 자기 자신에게 유리한 정보만 선택적으로 수집하는 경향을 말합니다. 그 정보가 얼마나 객관적인지는 그다지 중요하지 않지요. 영국의 심리학자 피터 웨이슨Peter Wason, 1924~2003이 1960년에 제시한 이 확증 편향이라는 개념은 보통의 사람들보다 오히려 전문가들에게서 더 쉽게 발견됩니다. 아이러니한 일이죠. 일종의 직업적 압박 때문에 이러한 현상이 일어나는데, 예를 들면 많은 대기업의 경영자들은 자신이 이미 생각한 전략을 만족하는 자료를 만들어 내려 합니다. 그리고 실무진은 그에 맞는 자료를 구하기 위해 동분서주합니다.

우리나라의 경우를 살펴볼까요? "집값이 오를 것이다"라고 전망하는 전문가들은 수십 년째 같은 입장입니다. 물론 집값이 떨어질 것이라고 이야기하는 전문가들도 비슷하지요. 그들이 오랫동안 주장하는 바는 시장이 변화하고 있음에도 불구하고 거의 바뀌지 않습니다. 둘 중의 하나일 것입니다. 그들의 주장이 정말로 옳거나, 아니면 확증 편향으로 인해 자신이 보고자 하는 사실만 보는 것이지요.

확증 편향을 극복하는 뾰족한 방법은 없습니다. 스스로를 많이 돌아보는 수밖에 없지요. 자신과 반대되는 의견이나 사실에 대해 알고자 하는 의지도 중요합니다. 작가 올더스 헉슬리Aldous Huxley,

^{1894~1963}는 "기존 사실들을 무시한다고 해서 그것들의 존재가 사라지는 것은 아니다"라고 말하기도 했습니다.

부자의 공부법

"세상은 빠르게 변하고 있어. 내가 알고 있는 것은 아주 작은 부분에 지나지 않아."

  우리는 우리가 사는 세상을 얼마나 이해하고 있을까요? 오래전 농경 사회를 생각해 보면, 그때는 굳이 학교교육을 받지 않더라도 농사짓는 방법만 완벽하게 익히면 세상을 살아가는 데 필요한 정보는 거의 다 안다고 해도 과언이 아니었습니다. 하지만 지금은 다릅니다. 우리는 대부분의 것을 이해하지 못한 채 살아갑니다. 항상 손에 들고 다니는 스마트폰이 어떻게 만들어지는지, 대부분의 사람들은 모릅니다. 다만 사용할 뿐이지요. 수많은 기업 역시 자신의 비즈니스만 이해할 뿐 다른 영역에 대해선 거의 모르고 있습니다. 우리는 농경 사회보다 고도로 발달된 사회에 살고 있지만,

부자의 돈 공부
빈자의 돈 공부

개개인이 그 사회를 이해하는 정도는 그리 앞으로 나아가지 못했지요.

당연한 일입니다. 서로의 일을 나누는 '분업'과 분야마다 숙련도를 높이는 '특화' 덕분에 우리 사회가 발달할 수 있었기 때문입니다. 우리의 평균수명은 많이 늘어나긴 했지만 생물학적으로 한계가 있습니다. 그리고 학습 능력에도 한계가 있지요. 만약 이 세상에 단 한 사람만 있다면 평생에 걸쳐서도 스마트폰 한 대를 만들지 못할 것입니다.

유연한 사고flexible thinking는 그래서 중요합니다. 기능적 고착func -tional fixedness이라는 말을 들어 본 적이 있나요? 유연한 사고와 반대되는 개념입니다. 기능적 고착에 빠지면 어떤 물건의 쓰임새를 본래의 목적 외에 사용하는 데 어려움을 겪습니다.

익히 알려진 유명한 실험이 있습니다. 심리학자 카를 던커Karl Dunker, 1903~1940는 기능적 고착이 문제 해결을 방해한다는 것을 실험으로 증명하려 했습니다. 실험에 참여한 이들에게는 성냥갑, 양초, 압정을 이용해 촛불을 벽의 눈높이 위치에 부착하라는 과제가 주어졌습니다. 이 과제의 해결책은 압정으로 성냥갑을 벽에 부착하고 그 상자 위에 양초를 놓는 것이었습니다. 그런데 대부분의 실험 참가자들은 압정을 이용해 곧바로 벽에 양초를 고정하려 하거나, 초를 녹여 벽에 양초를 부착하려 했습니다. 성냥갑을 양초 받침대가 아닌 성냥 용기로 여긴 고정관념 때문에 다른 용도로는 사용하지 못했던 것입니다.

기능적 고착을 극복하고 유연한 사고를 갖추려면 어떻게 해야 할까요? 한 가지 효과적인 방법이 있습니다. 이름을 바꾸는 것입니다. 가령, 앞서 실험에 사용된 성냥갑, 양초, 압정에 A, B, C라는 이름을 붙입니다. 기존 이름으로 연상되던 물건의 용도로부터 우리의 생각이 조금 더 자유로워질 것입니다. 많은 회사에서 직원 채용 시 입사 지원자의 학력이나 이름, 사진을 블라인드로 처리하는 것도 기능적 고착을 피하기 위한 노력이지요. 지원자의 실질적인 실력과 역량에 좀 더 집중하려는 조치입니다.

가난한 사람은
자신의 의지를
믿는다.

부자는
자신의 단점을
직시한다.

가난한 사람의 공부법

"올해부터는 새사람이 되는 거야. 매일 아침 5시에 일어나서 운동을 시작해야지. 퇴근해서는 영어 학원을 다니자. 난 의지가 강하니까 할 수 있을 거야."

저도 계획을 많이 세웁니다. 하지만 끝까지 지켜지는 계획은 열에 한둘 정도입니다. 남들처럼 피트니스센터를 등록했다가 잘 안 나간 경험 또한 여러 번 있습니다. 아침에 일찍 일어나기, 한 달에 책 두 권씩은 꼭 읽기, 술은 일주일에 두 번만 마시기 등 우리는 일상에서 수많은 계획을 세우고 또 지웁니다. 의지가 부족한 것은 당신만의 문제가 아닙니다. 대다수 사람들이 겪는 일이지요. 계획을 세우고 실천하는 데에는 몇 가지 방법이 필요합니다. 개인의 의지에 더해 계획을 성공으로 이끄는 보조 수단들 말입니다.

첫 번째로 소개할 보조 수단은 '시각적 장치'입니다. 당신의 계획을 항상 상기하게 해 줄 무엇인가를 만드는 것이지요. 저의 지인은 사무실과 집에서 가장 잘 보이는 장소에 화이트보드를 걸어 둔다고 합니다. 그리고 보드를 세 구역으로 나눠 올해 목표, 이번

주 할 일, 오늘 할 일을 적습니다. 가령 올해 목표가 '꾸준히 운동하기'이면, 이번 주 할 일에는 '피트니스센터 3회 나가기'가 적혀 있는 것이지요. 오늘 가기로 마음을 먹었다면 그것을 오늘 할 일에 써 놓습니다. 이렇게 해 두면, 아무리 내가 스스로 세운 계획이라고 해도 그 실행과 관련해서 왠지 심리적으로 불편해집니다. 하지만 오히려 이 덕분에 계획을 향해 앞으로 나아가게 되지요.

두 번째 보조 수단은 '데드라인'입니다. 마감 시간을 정하는 것입니다. 예를 들어 '오늘 청소는 저녁 8시 전에 마친다'라는 설정은 '오늘 청소를 한다'는 계획보다 더 효과적입니다. 사람의 뇌는 마감 시간이 가까워질수록 목표에 더 집중하면서 주변의 일은 덜 신경 쓰게 됩니다. 이는 공부를 할 때도 효율적으로 활용할 수 있습니다. 과제나 시험공부를 하기 위해 벼락치기를 해 본 경험이 있을 것입니다. 벼락치기가 바람직하지는 않다지만, 꽤 효율적인 결과를 내곤 했지요.

마지막 보조 수단은 간단합니다. '판을 벌이는 것'입니다. 뇌과학자들의 연구에 의하면, 우리의 뇌는 미완성의 상태를 곧 불완전으로 인식하고 완성하고 싶어 합니다. 머릿속으로 백번 계획을 세우고 고민하는 것보다는 직접 발 벗고 나서서 조금이라도 일을 진행하는 편이 여러모로 좋습니다. 흔히 계획은 자신이 아직 알지 못하거나 경험하지 못한 것에 대한 도전이어서, 머릿속과는 다른 현실을 맞닥뜨리게 되기 때문입니다. 게다가 이를 직접 마주하면 또 다른 흥미가 생길 것입니다.

부자의 공부법

"난 아침엔 잘 못 일어나는데, 어떻게 하면 운동을 할 수 있을까……? 음, 일단은 회식을 줄여서 시간을 내 보자."

자기통제 편향self-control bias이란, 자신이 스스로를 통제할 수 있다고 착각하는 경향을 말합니다. 그러나 실제로 많은 사람들은 자기 자신을 잘 제어하지 못합니다. 술, 담배, 게임, 늦잠 등, 우리는 그것을 하지 않으면 좋다는 건 물론 알고 있지만 쉽게 그로부터 벗어나지 못합니다. 이처럼 대부분의 사람들이 이미 굳어진 습관을 바꾸는 것을 힘들어합니다.

성공하는 사람들은 자신의 단점을 직시합니다.

"나는 아침에 잘 못 일어나. 일찍 일어나는 습관을 들이려고 노력도 해 봤지만 성공하지 못했어."

그러고서는 이에 맞추어 다른 계획을 세웁니다.

"저녁에 운동을 해야겠어. 주위 동료들에게 양해를 구하고 회식을 줄이자. 그러면 운동할 시간은 충분히 낼 수 있을 거야."

누구에게나 단점은 있습니다. 이를 극복할 수 있다면 좋겠지만, 너무 얽매이는 것은 좋은 방법이 아닙니다. 그럴 때는 우회로를 탐색해 봐야 합니다. 하나의 문제를 푸는 데 꼭 하나의 풀이법만 있는 것은 아니니까요. 좋은 습관이란 특별히 정해져 있는 것이 아닙니다. 자신의 상황에 맞춰, 좋지 않은 습관을 바람직하게 바꾸어 가면 됩니다.

그렇다면 부자들은 어떤 습관을 가지고 있을까요? 뻔한 이야기이지만 가장 많이 회자되는 습관은 바로 '운동'입니다. 버진그룹Virgin Group의 CEO인 괴짜 억만장자 리처드 브랜슨Richard Branson은 새벽 5시에 일어나 운동으로 일과를 시작합니다.

정리 정돈도 부자들의 습관 중 하나입니다. 정리 정돈은 사람을 더욱 생산적으로 활동하도록 해 줍니다. 아침에 일어나 침대를 정리한다거나, 회사에 출근해 책상 위에 놓인 불필요한 물건들을 치운다거나, 매일 들고 다니는 가방 속 물건들을 가지런히 하는 등의 행동은 모두 우리가 그 후에 하는 일이 보다 매끄럽게 진행될 수 있도록 도와주지요.

독서도 부자들의 습관에서 빠지지 않습니다. 세계에서 가장 유명한 투자자인 워런 버핏Warren Buffett은 일과의 80%를 독서를 하면서 보내는 것으로 알려져 있지요. 독서는 교육 수준, 소득 수준, 그리고 행복 지수와도 밀접한 상관관계에 있는 것으로 나타납니다.

또 저에게는 지키기 꽤 쉽지 않은 한 가지 습관이 있는데, 이 역시 부자들의 습관 중 하나이기도 합니다. 바로 '일찍 일어나기'이지요. 제가 만난 기업의 CEO들과 임원들은 새벽같이 일어납니다. 그리고 운동을 하는데, 운동을 마치고 사무실에 나가도 직원들이 출근하기 전이라고 합니다. 그들은 이 시간에 여유롭게 신문을 보거나 커피를 마시며 하루를 준비합니다.

이 외에도 메모하기, 에티켓 갖추기 등 부자들의 습관에는 여럿이 있습니다. 중요한 점은 우리가 이 리스트를 모두 지켜야 하는게 아닙니다. 나에게 많이 부족한 점을 채우고, 지금 잘하고 있는 습관은 더 강화하는 것이지요. 아침 8시에 일어나다가 갑자기 새벽 5시에 일어날 수는 없습니다. 따라서 1시간만 더 일찍 일어나는 것을 목표로 해 보세요. 그리고 그 목표를 달성한 후에 다시 1시간 더 일찍 일어나면 됩니다. '작은 성공을 이어 가는 것' 역시 우리가 어떤 습관을 들이는 데 좋은 방법입니다.

가난한 사람은
대세를 중요하게
생각한다.

부자는
대세 속에서
역발상을 한다.

가난한 사람의 공부법

"남들 하는 대로 사는 게 제일 좋아. 괜히 튀려고 하다간 손해만 볼 거야."

　우리는 세상을 살아가면서 참으로 많은 사람들과 만납니다. 인간은 그 어떤 동물보다도 거대한 무리를 이루고 살아가기 때문이지요. 아침에 출근해서 회사에 도착하고, 다시 퇴근하면서 지나치는 사람들만도 수백 명입니다. 이러한 환경 속에서 우리는 당연히 다른 사람들의 행동에 영향을 받을 수밖에 없습니다. 먼 옛날 수렵과 채집, 농경 생활을 하던 시대에 사람들은 무리 지어 행동해야 했습니다. 그편이 생존 확률이 높았지요. 이처럼 남들을 따라 하려는 군집 행동Herding Behavior은 오늘날에도 우리 생활 전반에 녹아들어 있다고 봐도 무방합니다.

　주식시장도 마찬가지입니다. 사람들은 타인의 투자 방식을 따라 하려는 성향이 있습니다. 주식에 투자할 때면, 다른 누군가가 나보다 더 많은 지식과 정보를 알고 있을 것이라는 생각이 듭니다. 그래서 남들이 언급하는 기업들이 더 좋아 보이지요. 반면, 내가 관심을 두고 있어도 남들이 전혀 쳐다보지도 않는 기업들과는 멀어지게 됩니다. 대통령 선거를 앞둔 시기의 테마주라든가, 아파트 투기, 중국 펀드 열풍 등이 대표적인 군집 행동의 예입니다.

이렇게 남들이 하는 대로 투자를 하게 되는 또 다른 이유는 '노력하기 귀찮아서'입니다. 주식이든, 부동산이든, 그 무엇이 되었든, 구입을 하거나 투자를 하기 위해선 나름의 노력이 필요합니다. 정석대로 한다면 우리는 삼성전자의 주식을 매수하기 전에 삼성전자가 무엇을 하는 기업인지, 매출과 이익은 얼마나 되는지, 주주는 누구인지, 위험 요소는 무엇인지, 배당금은 얼마를 주는지 등에 대해 알아봐야 하겠지요. 대충 훑어본다고 하더라도 하루가 꼬박 걸릴 것입니다.

그러나 우리는 이렇게 행동하지 않습니다. 만약 뉴스에서 삼성전자의 주가가 계속 오르고 있다는 소식을 접하고, 누군가 "삼성전자에 투자하기 좋은 시기이다"라고 말하면, 거기에 근거해 삼성전자의 주식을 삽니다. 그리고 합리적인 판단을 내렸다고 생각합니다. 작년에 삼성전자가 얼마를 벌었고, 시가총액이 얼마인지도 알지 못한 채 말이지요.

군집 행동은 우리를 편하게 해 주는 동시에, 알 수 없는 위험 속으로 우리를 밀어 넣습니다. 옳다고 생각했던 일이 그렇지 않게 되는 것입니다. 군집 행동은 역사 속에서 수많은 '버블_{Bubble} 현상'을 초래했습니다. 일본은 1986년부터 1989년까지 엄청난 버블 경제를 경험했습니다. 당시 일본 내에서 이것이 거품이라고 생각하는 사람은 많지 않았습니다. 오히려 일본의 위대함에 자랑스러움을 느끼고 엄청나게 늘어난 자본으로 경제 활황을 즐겼습니다. 그러다가 1990년에 주가와 땅값이 모두 급격히 떨어지기 시작했고, 1991년 여름부터는 경기 침체에 접어들었지요.

'대세'란 때로는 신기루와 같습니다. 대세 가운데에 있으면 그것이 전부처럼 보입니다. 하지만 시간이 지나 돌아보면, 그때 놓치고 있던 것들이 보이게 됩니다.

"남들과는 다르게 해야 기회를 잡을 수 있어."

남들과 꼭 달라야 할 필요는 없습니다. 다만 기회를 잡고 싶다면, 다른 사람들과 똑같은 방식으로 해선 안 됩니다. 즉, 앞서 설명한 군집 행동과 정반대의 전략을 써야 합니다. 먼저, '청개구리 전략Contrarian Investment'이 있습니다. 남들이 한 방향으로 모두 달려갈 때 반대 방향으로 뛰어갈지에 대해 고민하는 것이지요. 다른 하나는 '추세 추종 전략Trend Following'입니다. 대세 혹은 군집 행동을 파악하고 그것을 이용하는 전략입니다. 이를테면 달리는 황소의 등에 올라타 한참을 가다가, 적절한 때에 뛰어내리는 것입니다. 황소가 절벽에서 떨어지기 전에 말이지요.

일반적인 생각과 반대되는 생각을 하는 것을 두고 '역발상'이라고 합니다. 바로 이 역발상이 성공의 중요한 열쇠 중 하나입니다. 유명한 역발상 사례 중 하나로 배면뛰기Flop를 꼽을 수 있습니다. 올림픽 경기의 높이뛰기 종목을 보면, 선수들은 도움닫기를 하고는 뒤로 돌면서 뜁니다. 그리고 등을 아래로 향한 채 장애물을 뛰어넘습니다. 그런데 이것은 1968년 이전에는 전혀 볼 수 없던 광경이었습니다. 1968년 멕시코시티 올림픽에서 딕 포스베리Dick Fosbury가 처음으로 선보인 방식이었기 때문입니다. 그는 이 배면뛰기로 세계 신기록을 세우며 금메달을 땄습니다.

스포츠의 세계에서 자주 이야기되는 또 다른 역발상 사례가 있습니다. 크라우칭 스타트crouching start입니다. 캥거루 스타트kangaroo start라고도 하는 이 방식은 1896년 제1회 아테네 올림픽 때 미국

선수가 사용한 뒤로 세계에서 널리 쓰이고 있습니다.

이는 육상 경기에서 우리가 흔히 알고 있는 출발 전 자세입니다. 우선 '제자리에 ready'라는 신호에 따라 스타팅 블록 starting block 에 양발을 갖다 붙이고, 두 손은 양어깨 사이의 너비보다 조금 넓게 벌려 출발선 바로 뒤쪽을 짚으며, 뒷다리의 무릎을 굽혀 상체를 약간 앞으로 기울인 상태로 자세를 고정합니다. 그다음 '차려 set' 신호와 함께 엉덩이와 등을 지면에 평행하게 했다가, 신호총 소리와 함께 총알처럼 앞으로 뛰어나갑니다. 배면뛰기와 크라우칭 스타트 모두 그 전에는 아무도 시도하지 않았던 방식입니다. 어쩌면 '불가능'하거나 '말이 되지 않는' 방법으로 치부될 수도 있었겠지요.

스포츠뿐만이 아닙니다. 기업들에게도 역발상은 새로운 흥행 제품을 탄생시키는 비결입니다. 2017 CES Consumer Electronic Show 에는 허시미 HushMe 라는 제품이 소개되었습니다. 나의 목소리가 외부로 나가는 것을 차단하는 기기로, 헤드셋을 변형한 것입니다. 이 기기에는 음성변조 기능이 있어 스마트폰 애플리케이션을 이용하면 원숭이, 다람쥐 등 다양한 음성으로 변조할 수도 있습니다.

전설적인 투자가 존 템플턴 John Templeton, 1912~2008 은 '역발상 투자의 귀재'라는 별칭으로 불렸습니다. 그는 최적의 투자 타이밍은 비관론이 팽배할 때라는 철학을 가지고 있었습니다. 책상 위에 '위기는 곧 기회다'라는 명판을 놓았다는 이야기도 있지요. 존 템플턴은 1970년대 말 미국 증시가 최악일 때 투자를 했습니다. 이후 80년대 초부터 반등한 미국 증시는 20여 년간 긴 상승 사이클을 기록했습니다. 1997년 말 우리나라 외환 위기 당시에도 그는 삼성전자 등에 투자해 큰 수익을 올린 것으로 알려졌습니다.

역발상은 인간의 본성에 반합니다. 대부분 사람들이 꺼리거나 생각지 못했던 곳에 역발상이 존재하기 때문입니다. 주가 폭락이라는 두려운 상황이 오면 사람들은 도망을 갑니다. 모두가 주식을 매도할 때 기회가 있다는 사실을 알고는 있다고 해도, 이를 실행하기란 쉽지 않은 것이지요. 존 템플턴은 자신이 낮은 가격에 매수하고 싶은 주식 목록을 평소 늘 보유하고 있었습니다. 언제 시장이 좋아질지 혹은 나빠질지 알 수 없으므로, 기회가 찾아왔을 때 놓치지 않도록 준비했던 것입니다.

가난한 사람은
여기저기 쓸 돈을
따로 정해 둔다.

부자는
자산을
하나처럼 운용한다.

가난한 사람의 공부법

"여행 경비는 따로 모아 놓자. 이건 나를 위한 선물이야."

사람은 편한 길을 찾기 마련입니다. 우리의 뇌는 복잡한 것을 단순화하길 좋아하지요. 이러한 현상은 우리 자신을 위한 것이기도 합니다. 수많은 정보를 모두 처리하려면 노력이 필요하고 시간도 더 필요하니까요. 그래서 이를테면 우리는 사람의 첫인상을 보고 어느 정도 판단을 내립니다. 인상은 험악한지, 옷은 깔끔하게 입었는지, 잘 웃는지 등 짧은 시간 안에 얻을 수 있는 정보를 바탕으로 꽤 많은 것을 단정 짓지요. '저 사람은 고집이 세고, IT 회사에 다닐 거야' 하는 식으로 생각합니다.

자산을 관리할 때도 대부분의 사람들은 편의를 위해 가상 계좌 혹은 실제 계좌를 여러 개로 나누어 만듭니다. 예를 들자면 여행 경비 계좌, 자동차 관련 계좌, 대학 등록금 계좌를 두지요. 이같은 구분 짓기는 생각의 부담을 줄입니다. 각 계좌에는 목적이 있으므로 따로 신경 쓸 필요가 없습니다. 즉, 내 자산 중 일부를 떼어 내어 별도로 관리하게 됩니다.

이러한 별도 계좌의 규모가 크지 않다면 그다지 문제가 되지 않습니다. 그러나 분명 재테크에는 영향을 미칩니다. 이와 관련하여, 1980년에 등장한 심리 계좌Mental Accounting라는 개념이 있습니다. 사람들은 자산을 여러 심리적 틀에 넣어 놓고 각 계좌에 따라 다른 소비를 한다는 것입니다.

예를 들어 보겠습니다. 여기 2가지 경우가 있습니다.

1) 영화 티켓을 1만 원에 미리 구입했다. 그런데 영화관에 도착해서야 티켓을 잃어버린 사실을 알아차렸다.
2) 영화를 보기 위해 영화관에 갔다. 그런데 영화 티켓을 구입하려던 1만 원을 잃어버린 사실을 알아차렸다.

연구 결과에 따르면, 두 경우 모두 영화 티켓을 새로 구매할 수 있는 돈이 있다고 해도 1)의 사례에서는 티켓을 구입하지 않으며, 2)의 사례에서는 구입하는 것으로 나타났습니다. 두 사례 모두 1만 원의 가치를 잃어버린 것은 같지만, 서로 다른 결과가 나온 것이지요. 1)의 경우 우리는 여가 생활을 위한 지출이 이미 이루어졌다고 생각합니다. 반면, 2)의 경우 여가에 지출한 것은 아니므로 영화 티켓을 구입하는 데 심리적 저항이 적었던 것이지요.

이러한 심리 계좌는 합리적 행동은 아닙니다. 똑같은 조건에서 다른 행동을 하는 까닭은 우리의 마음이 움직였기 때문입니다. 심리 계좌 편향을 극복하기 위해서는 우선 우리 머릿속의 계좌에서 돈을 나누어 담지 않아야 합니다. 가령, 주식에 투자해서 얻은 소득은 더 쉽게 소비하는 경향이 있는데요. 이는 주식 투자 수익을 심리적으로 '불로소득 계좌'에 넣음으로써 소비해도 될 돈이라고 생각하기 때문입니다. 하지만 돈에는 꼬리표가 없습니다. 어찌 됐건 지출은 지출이고 수입은 수입입니다.

부자의 공부법

"부동산, 금융 상품, 예금, 적금……. 내 자산이 지금 어디에 있지? 조정이 필요할까?"

부자는 배를 모는 선장처럼 재테크를 합니다. 바람이 불 땐 돛을 폅니다. 그러다가 바람이 멎으면 돛을 내리고 노를 꺼내 듭니다. 폭풍우가 불면 돛을 내리고 노를 집어넣습니다. 그러고선 갑판의 짐을 창고에 챙겨 넣고 단단히 묶지요. 배를 잘 모는 선장은 상황에 맞춰 배의 장비를 만집니다.

재테크 역시 마찬가지입니다. 상황에 맞게 여러 가지 '도구'를 활용하는 것이지요. 예금, 적금, 부동산, 주식, 채권, ELS(주식연계증권), ETF(상장지수펀드), 펀드, P2P 등 수익이 나는 여러 금융 상품을 외부 환경에 맞춰 비중을 늘리거나 줄이는 작업이 중요합니다. 그러기 위해서는 수중에 무엇이 있는지 파악하고 있어야 하지요. 그에 더해 나의 자산을 하나처럼 여기고 운용해야 합니다.

가난한 사람은
브랜드를
중요하게 생각한다.

부자는
기능을
따진다.

가난한 사람의 공부법

"괜히 사람들이 브랜드를 보고 사겠어? 우선은 브랜드가 좋아야 해. 남들 보는 눈도 있고 말야."

현대사회와 브랜드는 떼려야 뗄 수 없는 관계입니다. 자유경제 체제의 대표적인 특징이기 때문이죠. 같은 종류의 품목에도 수많은 제품들이 존재하고, 따라서 우리는 브랜드를 통해서 이를 구별해 구매 의사를 결정합니다. 우리가 흔히 아는 기업의 이름 자체가 브랜드인 경우가 많습니다. 스타벅스, 애플, 삼성, LG 등이 그 예이지요.

브랜드를 통해 우리는 어떤 정보를 얻을까요? 먼저, 브랜드를 통해 제품의 출처를 확인할 수 있습니다. 삼성, LG라는 브랜드의 제품이라면, 우리는 그 제품이 한국과 관련 있다고 판단합니다. 도시바, 파나소닉의 제품은 일본에서 만들어진다고 생각하지요. 그리고 우리는 그러한 제품에 대한 책임이 자연히 각 기업에 있다고 여깁니다. 즉, 제품의 생산자에 대한 책임을 부여하는 것이지요. 또한 우리는 다양한 경험을 통해 각 브랜드에 관한 정보를 축적하게 되는데, 그러한 정보의 정확도를 떠나서 브랜드의 이미지를 바탕으로 제품을 선택합니다. 이로써 소비에 소요되는 에너지를 아낄 수 있습니다.

하지만 브랜드가 갖는 이러한 특징 때문에 많은 사람들이 놓치는 부분이 있습니다. 새로운 기업과 브랜드는 끊임없이 생겨나는데, 우리는 그 속도에 따라가지 못하는 탓에 문제들이 생깁니다. 하나의 브랜드에 대한 충성도가 형성되면 다른 제품에는 관심이 떨어집니다. 보다 쉽게 제품을 선택하게 되지만, 최선의 선택을 위한 노력은 줄어들게 되지요. 결국 특정 브랜드에 대한 충성도를 느끼는 동시에 우리는 추가적인 비용을 감당하고 있는 셈입니다.

그런데 최근 들어 브랜드 충성도가 전반적으로 낮아지고 있습니다. 소비자들이 제품을 구매하는 데 결정적인 역할을 해 오던 브랜드가 이른바 '가성비(가격 대비 성능비)'에 자리를 내주고 있기 때문이지요. 경제 불황도 브랜드에 타격을 주고 있습니다. 럭셔리 브랜드들은 경영 실적이 좋지 않자, 기존과 다른 전략을 쓰면서 브랜드의 가치에 새롭게 영향을 주고 있습니다.

2015년 3월, 할인 판매를 하지 않는다는 '노 세일No Sale'을 고수하며 고가 정책을 펴던 샤넬이 가격을 내리면서 이른바 샤넬 쇼크Chanel Shock가 일어났습니다. 당시 샤넬은 한국, 중국, 홍콩 등에서 일부 제품들의 가격을 20% 이상 인하했습니다. 당연히 이전에 상품을 구매한 소비자들은 교환이나 환불을 요구했지요. 구찌_{Gucci}도 2015년 5월 일부 제품들을 50% 할인가에 판매하면서 '구찌 대란'이 일기도 했습니다. 이러한 갈등은 소비자들이 브랜드에 가치를 두고 제품을 구매했다가 해당 브랜드를 보유한 기업들이 자기 브랜드의 가치를 낮추면서 발생했다고 볼 수 있습니다.

부자의 공부법

"물건의 가치는 그게 실제로 나에게 얼마나 도움이 되는가에 달린 거야."

지금은 가성비의 시대입니다. 정보에 대한 접근성이 그 어느 때보다 뛰어나기 때문에 소비자는 브랜드 선택에서 과거보다 유리한 위치에 있습니다. 각종 제품을 리뷰·평가하는 웹 사이트도 다양하게 존재합니다. 제품의 사용 후기를 참고해 구매 의사를 결정하는 것은 이제 일반적인 일입니다.

특히 수많은 부품들이 결합해 만들어지는 전자 제품은 이러한 리뷰 문화에 가장 직접적인 영향을 받고 있습니다. 제품에 대해 깊이 이해하기 어렵다는 특성 때문에 전에는 브랜드만 보고 구매하는 경우가 많았지만, 최근에는 '체험기'를 바탕으로 제품의 복잡한 요소들을 더 쉽게 파악하고 판단할 수 있습니다.

'샤오미Xiaomi'를 아시나요? 2010년 4월 설립된 중국의 샤오미는 2011년 9월 스마트폰 미1Mi1을 출시했습니다. 샤오미가 내놓은 스마트폰의 가격대는 20~40만 원 수준으로 파격적으로 저렴합니다. 그 성능은 100만 원을 넘는 여타의 스마트폰에 미치진 못하지만, 절대 뒤처지지도 않는 성능을 보이며 대중의 관심을 끌어모았습니다. 스마트폰에서 시작된 샤오미의 제품은 태블릿, 스마트TV, 셋톱박스, 이어폰, 보조 배터리 등으로 종류가 확장되었습니다. 가성비의 시대에 샤오미의 제품은 날개 달린 듯 팔리고 있습니다.

브랜드와 가성비는 서로를 보완합니다. 어떤 브랜드는 아예 '가성비가 뛰어나다'는 가치를 내포하고 있기도 합니다. 샤오미처럼 말이지요. 그런데 브랜드 자체에 과도한 가치가 부여된 경우도 존재합니다. 때문에 일종의 과시적 소비를 야기할 위험도 있습니다.

부를 과시하는 것을 의식하면서 행해지는 소비를 '과시적 소비'라고 합니다. 사실 이러한 소비는 부유하든 그렇지 않든 모든 사람들에게 존재합니다. 과시적 소비가 나쁘다고 할 수만은 없지만, 지금 당신의 목표가 돈을 모으고 재산을 불리는 것이라면 이러한 소비는 잠시 뒤로 미루어 놓을 필요가 있습니다. 이는 과시적 소비를 줄이면 미래의 부를 늘리는 데 그만큼 도움을 얻을 수 있다는 의미이기도 합니다.

가성비는 우리의 소비 욕구 중 가장 원천적인 부분을 자극합니다. 바로 '싸게 구매하고 싶다'는 욕구입니다. 부자들은 언제나 이 가성비라는 개념을 생각하고 있다고 해도 과언이 아닙니다. 투자의 기본이 곧 가성비를 추구하는 것임은 틀림없는 사실이기 때문이지요. 그렇다면 투자에서 가성비란 무엇이라고 할 수 있을까요? 여러 의견이 있을 수 있겠지만, 투자의 가장 대표적인 키워드인 '위험'과 '수익'으로 이를 설명할 수 있습니다.

우리는 주식 투자를 할 때 수익에만 집중하는 경향이 있는데, 이는 올바르지 않습니다. 쉽게 말해 삼성전자의 주식을 샀을 때와 사업 경력 5년 차의 바이오 관련 기업 A의 주식을 샀을 때의 위험이 서로 다릅니다. 삼성전자와 A는 회사가 문을 닫을 확률부터 다르지요. 당연히 회사 A의 주식을 샀을 때 손실을 볼 가능성이 더 큽니다. 그러므로 회사 A에 투자했을 때 더 높은 수익을 기대하게 됩니다.

이처럼 투자에서 가성비란 바로 '위험 대비 수익'이라는 개념입니다. 그래서 증권사의 애널리스트와 자산 운용사의 투자 심사역은 기업 자체가 좋은지 나쁜지보다는 해당 기업의 주가가 저평가되었는지 고평가되었는지에 초점을 맞춥니다.

가성비는 소비나 투자에서 중요한 개념이므로 우리의 사고방식에 내재화하는 것이 중요합니다. 이렇게 연습하는 것도 좋습니다. 당신이 구입하고자 하는 제품과 비슷한 제품들을 2~3개 더 찾아보고 서로 비교해 보세요. 이때 단순히 눈으로 비교하는 게 아니라 간단한 표를 작성하면 큰 도움이 됩니다.

이렇게 하면 제품별로 어떤 점은 더 좋고, 또 어떤 점은 더 좋지 않은지 결론이 납니다. 장점과 단점, 그리고 가격을 한눈에 보면 '이것을 꼭 사야 하는가'에 대한 의사 결정이 훨씬 쉬울 것입니다. 투자도 마찬가지입니다. 바이오 기업 A의 주식을 매수하기 전에 비슷한 종목 몇 개를 펼쳐 놓고 실적과 주가 등을 비교하면, 내가 사려고 했던 기업 A가 그렇게 매력적이지 않다는 사실을 발견할지도 모릅니다.

가난한 사람은
취미와 돈은
별개라고 생각한다.

부자는
취미에서도
기회를 발견한다.

가난한 사람의 공부법

"나만을 위한 취미, 하나쯤은 괜찮잖아? 자전거는 좋은 것을 사야겠어. 장비가 훌륭해야 더 즐길 수 있으니까. 이거야말로 나를 위한 투자야."

취미의 종류는 과연 몇 개나 될까요? 사진 촬영, 목공예, 요리, 반려동물 키우기, 음악 감상, 등산, 종이접기, 게임, 맛집 탐방 등 셀 수 없이 많고, 우리는 그 가운데 몇몇에 흥미를 느낍니다. 취미는 여느 다른 것들과 마찬가지로 즐기면 즐길수록 빠져들게 됩니다. 취미 생활은 그렇게 일상의 활력소가 되지요. 일주일 중 5일을 돈을 버는 데에 보내고 나면, 그에 대한 보상 심리가 생깁니다. 따라서 나만의 취미 생활을 즐김으로써 다시 한 주를 시작할 힘을 얻습니다.

그런데 취미에 얽힌 고민은 대부분 돈과 관련되어 있습니다. 특히 배우자가 취미에 많은 돈을 쏟아붓고 있다면, 옆에서 지켜보는 사람은 곤혹스럽습니다. 하고 싶은 마음이 간절해 보이는데 그것을 막자니 마음이 편치 않고, 그대로 두자니 돈을 낭비하는 것으로 보입니다. 취미에 푹 빠져 있다면 그만두게 하기도 어렵습니다.

동네에서 30만 원짜리 자전거를 타다가, 어느 날 더 좋은 자전거를 사고 싶은 욕구가 듭니다. 자전거 편집 숍에 가서 보니 자신이 타던 자전거가 초라해 보입니다. 500만 원이 넘는 자전거의 존재도 알게 됩니다. 100만 원 정도 되는 자전거는 타야 할 것만 같습니다. 결국 자전거를 바꾸고 나니, 이제 다른 것들도 눈에 들어옵니다. 보호대와 사이클 복장도 자전거의 급에 맞게 새로 구입합니다. 어느새 월급의 30% 이상을 취미 활동에 소비하게 됩니다.

취미와 돈을 별개로 생각하는 사람이 적지 않습니다. "내가 그정도도 못 즐기고 살아?"라며 합리화합니다. 맞는 이야기이기도 합니다. 문제는 취미 때문에 발생하는 비용이 부의 축적을 막는다는 것이겠지요. 취미에 깊이 빠진 이들은 이 같은 경제적 문제로 힘겨워합니다. 취미가 생활과 중독의 경계에 있기 때문입니다. 자신은 일상적으로 행하는 즐거움인데, 그 즐거움을 위한 행동의 제어가 잘 되지 않는 것이지요.

물론 취미는 엄연한 소비 활동 중 하나이며, 취미를 갖고 또 즐기는 것은 인생에서 아주 중요합니다. 취미 활동에서 과소비 역시충분히 발생할 수 있습니다. 하지만 그 취미를 오랫동안 누릴 수있도록 경제적 기반을 쌓아 갈 방안도 깊이 생각해 봐야 합니다.

부자의 공부법

"양초 만드는 게 정말 즐거워. 누구 못지않게 멋지게 만들 자신 있는데. 내 양초를 사 줄 사람도 있지 않을까?"

많은 사람들이 부러워하는 이들이 있습니다. 바로 취미와 일이 일치하는 사람들이지요. 그러나 하고 싶은 일을 하면서 생계를 이어 나갈 수 있는 경우는 흔하지 않습니다. 우리가 좋아하는 일과 싫어하는 일은 대체로 정해져 있기 때문입니다.

예를 들어, 등산을 하면서 돈까지 벌 수 있는 이들은 자신의 많은 것들을 그 세계에 투자해야 할 뿐 아니라 타고난 재능까지 있어야 하니까요. 다른 영역도 마찬가지입니다. 전 세계에 팬을 확보하고 있는 스포츠인 야구에서 선수로 성공하기란, 조금 과장되게 말하면 낙타가 바늘구멍으로 들어가는 일처럼 어렵습니다.

그렇지만 많은 사람들이 취미를 통해 소소한 돈을 벌어들입니다. 누군가에게는 이러한 취미가 직업으로 바뀌기도 합니다. 특히 스마트폰의 출현과 IT 인프라의 발전으로, 오늘날 우리는 다양한 시도를 할 수 있게 되었습니다. 웹툰, 웹소설 등의 콘텐츠를 생산하는 데 관심이 있다면, 관련 온라인 플랫폼이 여러 개 운영되고 있으니 이를 활용해 자신의 재능을 시험해 보는 것도 얼마든지 가능합니다. 카카오, 네이버 등 IT 기업도 일반 사용자들이 콘텐츠 생산자로 발돋움할 기회를 제공하기 위해 노력하고 있습니다.

콘텐츠뿐만 아니라 수공예품도 온라인 플랫폼과 SNS에서 활발히 소비되고 있습니다. 수공예품은 대량생산된 기성 제품이 제공하기 어려운 개성을 담을 수 있습니다. 1인 방송 또한 취미를 통해 수익을 창출할 수 있는 통로 중 하나입니다. 기존 방송에서는 제공할 수 없는 다채로운 내용과 1인 방송 특유의 정서는 많은 시청자들의 관심을 끌어내고 있습니다.

한 가지 직업만으로 평생을 사는 시대는 지났습니다. 취미는 당신의 여러 수입원 중 하나가 될 수 있습니다. 그러나 '언젠가는 내 기술을, 내 작품을 판매할 수 있을 거야' 하고 막연히 짐작하며 기다릴 수만은 없습니다. 취미를 갈고닦아야 비로소 남들로부터 인정받고 수익도 낼 수 있습니다.

이때 알아둘 팁tip이 몇 가지 있습니다. 먼저, 함께 의논할 동료가 필요합니다. 같은 취미 혹은 비슷한 취미를 공유할 만한 사람이 있다면 당신의 취미에 상품 가치를 더하는 데 도움이 됩니다. 취미의 수준이 준프로급이 되었을 경우, 동료와 공동으로 사용할 작업장이 있으면 좋습니다. 비용을 분담해 경제적 부담을 낮추면서도 작업에 집중할 수 있는 공간을 마련하는 것이지요. 그리고 그 분야에 대한 꾸준한 관심과 노력이 필요합니다. 콘텐츠가 되었건 제품이 되었건, 꾸준히 생산을 해내야 잠재적 고객의 관심을 유지할 수 있기 때문입니다.

취미로 반드시 돈을 벌어야 할 필요는 없지만, 취미를 통해 수입을 얻을 수 있다면 이를 마다할 이유도 없겠지요. 평생직장이라는 개념이 사라진 지금, 본업 외 수입원의 중요도는 점점 커지고 있습니다. 궁극적으로, 취미가 직업이 된다면 누구보다 성공적인 커리어를 만들 수 있을 것입니다.

가난한 사람은
사업은
위험하다고만 생각한다.

부자에게 사업은
언제든 선택 가능한
옵션이다.

가난한 사람의 공부법

"사업은 함부로 하는 게 아니야. 특히 우리나라에서는 한번 실패하면 끝이지. 괜한 무리수는 두지 말자."

사업은 위험합니다. 매출이나 책임에 대한 모든 부담을 사업주가 지고 가기 때문이지요. 어찌 보면 당연한 일입니다. 그런데 '사업은 위험하다'라는 이러한 명제가 유독 한국에서 크게 힘을 얻는 까닭은 자영업, 특히 음식점의 영향이 큽니다. 우리나라에는 약 70만 개의 음식점이 있습니다. 일본의 경우 인구는 한국의 2배 이상이지만 음식점은 우리와 비슷한 약 74만 개입니다. 그만큼 우리나라의 음식점 수는 공급과잉이죠.

한 통계자료를 보면 한국은 2015년에 약 106만 명이 창업했고, 약 73만 명이 폐업했습니다. 3명이 창업하면 단 1명만 살아남는 것입니다. 그리고 폐업하지 않은 상당수가 경영에 어려움을 겪었습니다. 창업률 1위 업종은 세탁소와 미용실 등 서비스업이며, 폐업률 1위는 식당인 것으로 나타납니다. 폐업 현상은 일부 업종에 창업이 몰리고 있기 때문으로 파악됩니다. 진입 장벽이 낮은 업종인

소매업과 음식업에만 전체 창업률의 40%가 몰려 있습니다.

사업 실패는 개인 가계에 치명적입니다. 소매업과 음식업은 특성상 점포가 필요하므로 보증금, 월세 등 목돈이 필요합니다. 하지만 폐업 시 이 비용은 한 푼도 회수할 수 없지요. 가게를 마련하는 데 들어간 인테리어 비용 역시 모두 허공에 날려 버리게 됩니다.

그런데 사업을 선택지에서 지워 버리는 순간, 우리가 선택할 수 있는 대안은 크게 줄어듭니다. 불로소득의 원천이 있지 않은 한, 사업을 제외하고 할 수 있는 일이란 누군가에게 고용되어 일하는 것밖에 없기 때문입니다. 불행히도 평생 동안 믿고 다닐 회사는 더 이상 그리 많지 않습니다. 취업 포털 잡코리아의 설문 조사 결과, 30~40대 직장인들의 평균 이직 횟수는 3회로 집계되었습니다. 직장이 마음에 들지 않아도 참고 다니거나, 이직을 지속적으로 시도해야 하는 것이 현실입니다.

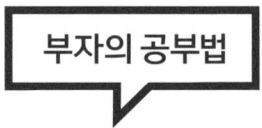

부자의 공부법

"평생직장을 고집할 필요는 없지. 차분히 준비한다면 이직하는 것보다 더 좋은 환경을 만들 수 있을 거야. 적어도 은퇴 후의 계획은 필요하니까 사업을 준비해서 나쁠 건 없어."

사업은 과연 아무나 할 수 있는 게 아닐까요? 결론부터 말하자면, 그렇습니다. 사업은 아무나 할 수 없습니다. 사업은, 그리고 그 성공은 오직 준비된 사람들의 몫입니다. 어떤 사업이냐에 따라 다르지만, 여느 사업에나 필요한 사전 절차가 존재하며 이를 통해 위험을 낮출 수 있습니다.

대표적인 창업 아이템으로 인식되는 치킨 가게를 예로 들어 보지요. 먼저, 자신이 하려는 사업에 대해 '정말로' 잘 알고 있는지를 되돌아보아야 합니다. 프랜차이즈가 아닌 나만의 독립적인 치킨 가게를 연다고 가정해 봅시다. 원재료는 얼마에 들여올 수 있는지, 프랜차이즈 등 경쟁사는 얼마에 원재료를 확보하는지를 알아야 합니다. 원재료를 비롯해 모든 비용을 합산해서 평균적으로 매일 얼마만큼의 비용이 드는지 계산하고, 이를 메우고 수익을 내는 데 필요한 최소 주문 수량을 파악해야 합니다. 여기서 더 나아가 마케팅 비용 10만 원을 투자한다고 할 때 추가로 기대되는 매출에 대해서도 기준을 세워야겠지요.

이 정도의 정보를 확보하기 위해서는 다른 치킨 가게 앞에서 며

칠을 지내야 하기도 하고, 실례를 무릅쓰고 그곳의 경영 환경에 대해 물어도 봐야 합니다. 문전박대를 당할 수도 있겠지만 말이지요. 그리고 치킨 수백 마리를 만들어 보면서, 맛이 경쟁업체에 뒤지지 않는지도 살펴봐야 합니다.

이 모든 것이 시작 단계에서 해야 할 일입니다. 돈이 실제로 투자되기 전에 꼭 알아야 할 사항들이지요. 만약 이 과정에서 수익 구조가 취약하다고 파악되었거나 치킨의 맛이 타사보다 뒤떨어지는 등의 문제가 발생하면, '과연 이 사업을 계속 추진하는 것이 맞는가'를 심사숙고해야 합니다.

사전 조사를 통해 사업성이 있겠다고 판단했다면, 다음으로 살펴볼 것은 '스트레스 테스트'입니다. 최악의 경우를 가정하고 그것을 돌파할 수 있는지를 고민해 봐야 합니다. '만약 조류인플루엔자AI 등으로 전반적인 매출이 줄어든다면?', '개인 사정으로 직접 가게를 운영할 수 없게 된다면?', '화재 등으로 물질적 손실이 발생한다면?', '주위에 경쟁업체가 더 생긴다면?' 등에 관련된 대책을 미리 마련해 두는 것입니다. 그러다 보면, 이 같은 위기 상황에 대비하기 위해서는 비상금이 필요하다는 사실을 알게 됩니다. 그것도 상당 수준으로 말이지요.

이러한 준비 과정에서 만약 사업을 시작하기가 두려워졌다면,

새로운 아이템을 고민해야 할지도 모릅니다. 즉, 비상 상황이 닥쳤을 때 가게가 문을 닫을 정도라면 내 재산의 대부분을 걸 정도의 준비는 되어 있지 않다는 것을 의미합니다.

사업 아이템은 2가지 측면에서 살펴봐야 합니다. ① 내가 할 수 있는 일인가, ② 시장에서 경쟁력이 있는 일인가 하는 것입니다. 우리나라에서 음식점을 운영하기가 어려운 이유는, 그것이 내가 할 수 있긴 하지만 시장에서 경쟁력은 없는 일인 탓입니다. 일부 음식점들이 성공하는 이유는 그 음식점의 맛이나 마케팅, 혹은 위치 등에서 경쟁력이 있어서입니다.

따라서 직장을 다니면서 사업을 준비할 경우 가장 많이 고민해야 하는 부분은, 내가 할 수 있는 일을 개발하되 그것이 시장에서 상당한 가치가 있는 것이어야 한다는 점이지요. 사업은 어렵습니다. 그런데 그만큼 거두어들이는 수익도 많습니다. 직장인은 100의 일을 했을 때 그중 60만을 챙긴다고 합니다. 나머지 40은 경영자와 주주의 몫으로 돌아갑니다. 내가 한 일이지만 그에 대한 위험은 주주와 경영자가 감수했기 때문입니다.

가난한 사람은
당장의 수익을
찾는다.

부자는
인생 단계에 따라
차근차근 재테크를 한다.

가난한 사람의 공부법

"1년을 어떻게 기다려? 당장 수익이 날 수 있는 것부터 찾아야지."

사람들은 투자한 이후의 기다림에 익숙하지 않습니다. 당연한 일입니다. 불확실한 상황을 견디는 것은 누구나 싫어하니까요. 투자를 시작한 사람들이 만나는 첫 관문은 시간을 인내하는 일입니다. 수익이 나면 팔아 버리고, 손실이 나면 다시 오를 것을 바라며 손절하지 못하는 것은 자주 발생하는 일이며, 이러한 움직임은 전체적인 투자 성과에 결국 좋지 않은 영향을 미치게 됩니다.

시간이라는 개념은 재테크에서 매우 중요합니다. 경제를 더 긴 호흡으로 보면서 더 높은 수익을 거둘 수 있기 때문이지요. 1998년 IMF 외환 위기 당시 코스피 지수는 277까지 떨어졌습니다. 그 후에도 급등락을 몇 차례 거듭했습니다. 수많은 위기를 겪었지만 코스피는 2,000을 넘어섰고, 최근에는 3,000도 넘어설 수 있다는 보고서가 나오고 있습니다. 만약 어떤 사람이 외환 위기라는 최악의 상황에서 투자에 나섰고 그 포지션을 10년 넘게 유지했다면, 8배 이상의 수익을 거둘 수 있었을 것입니다.

은행에서는 왜 1년짜리 적금보다 2년짜리 적금에 더 높은 금리를 줄까요? 이유는 복잡하지 않습니다. 고객이 은행에 돈을 더 오랜 기간 동안 맡기기로 약속하게 되면 은행은 그 돈을 더 장기적으로 운영할 수 있어서입니다. 그리고 보다 장기적인 자금 운용을 통해 은행은 더 높은 수익을 얻을 수 있게 되지요. 기업에 투자해 경영권을 인수하는 사모펀드는 10년 이상 운영하는 경우가 많은데, 이는 사모펀드에 투자하는 투자자들이 넉넉한 시간을 두고 높은 수익을 거둘 것을 기대하고 있어서입니다.

투자 기간이 짧다는 것은 큰 단점입니다. 시간은 마치 운동선수의 체력과도 같다고 볼 수 있습니다. 경기를 하다 보면 힘이 빠지거나 부상에 노출되는데, 이를 극복하는 데 필요한 체력은 경기에서의 성적에 직접적인 영향을 미칩니다. 점수가 뒤처지는 순간에 경기장을 떠날 수밖에 없다면, 결과는 불 보듯 뻔하지 않을까요?

투자를 장기적으로 끌고 갈 수 없는 현실적 한계가 있다고 해도, 방법은 있습니다. 유동성이 떨어지는 투자는 피하는 것이지요. 투자 후 그 자금이 수중에 없어도 되는 기간이 2년 미만이라면, 부동산 투자는 피해야 합니다. 투자금을 언제든 빼서 사용해야 할 정도라면 주식 투자도 피해야 하며, 투자금이 비상금이나 다름없는 수준이므로 유동성이 높은 예금이 바람직합니다.

부자의 공부법

"지금은 아껴서 저축할 때야. 목돈을 모은 후에 더 높은 수익을 거둘 수 있는 투자를 하자. 그리고 은퇴하고선 다시 안정적인 투자 포트폴리오를 짜야지."

사람들은 모두 각자의 역사를 씁니다. 마치 한 나라가 긴 세월을 두고 흥망성쇠를 겪듯이 우리의 인생도 참으로 많은 에피소드가 모여 만들어지지요. 이는 재테크의 측면에서 봐도 마찬가지입니다. 수입이 없을 때, 또는 수입이 지출보다 많을 때, 그리고 그 반대의 경우를 우리는 살아가면서 겪습니다.

우선, 정착 단계Foundation Phase는 학교를 졸업하고 직장을 구했거나 막 직장에서 일을 시작한 시기입니다. 당연히 돈이 없습니다. 오히려 학자금 대출 혹은 주택 담보 대출 등으로 부채가 있는 경우가 많습니다. 이때는 장기 투자를 하기가 어렵습니다. 위험 부담이 큰 투자도 쉽지 않지요. 위험도가 높은 투자는 변동성이 큰 탓에, 장기간 보유해야 할 경우가 생기기 때문입니다.

따라서 이 시기에는 '절약'이 가장 좋은 재테크입니다. 하나의 적금 통장보다는 여러 개의 적금 계좌에 소액을 나누어 저축하는 것이 좋습니다. 급하게 돈이 필요한 경우가 더러 생기는데, 그때마다 적금을 중도에 파기하면 이자율에서 손해를 보게 됩니다.

다음으로, 축적 단계 Accumulation Phase 는 비로소 돈을 모을 수 있게 되는 시기입니다. 직장인이라면 소득이 지출을 초과한 시기이겠고, 사업자라면 안정기에 접어들어 불규칙하긴 하지만 대개 수익을 내게 되는 때이지요. 투자 기간을 비교적 길게 유지할 수 있으므로, 다소 공격적인 투자를 시도할 수 있는 시기입니다.

이때야말로 투자 관련 공부를 열심히 해야 합니다. 다양한 투자 방식에 대해 공부하고 소액 투자로 실전 경험을 쌓아야 향후 장기간의 재테크를 효율적으로 소화해 나갈 수 있습니다. 연령으로 볼때, 우리나라에서는 30대와 40대가 이 범주에 포함됩니다.

유지 단계 Maintenance Phase 는 공격적인 투자를 줄이고 안정적인 투자를 늘리는 시기입니다. 개인차가 있지만, 50대에 접어들면 포트폴리오를 안정적으로 바꾸기 시작합니다. 주식 투자를 채권 투자로 바꾸는 식이지요. 이러한 변화는 앞으로 남은 투자 기간이 짧아진 탓입니다. 수익을 올리기보다는 현재 보유한 자산을 지키는 것이 그만큼 더 중요해진 것이지요.

이 시기의 관건은 인플레이션을 따라잡을 정도의 수익을 거두면서 최대한 안전하게 자산을 유지하는 것입니다. 하지만 지나치게 보수적으로 투자를 하다간 노후 자금이 불충분해질 위험도 있으니 유의해야 합니다.

마지막으로 환원 단계Distribution Phase는 쉽게 풀어 말하자면 증여와 상속, 혹은 기부가 실행되는 단계입니다. 재산의 소유권이 바뀌므로 이때는 세금이 가장 중요한 이슈가 됩니다. 특히 재산이 많을수록 이 단계는 더욱 중요합니다. 대개 기업가나 자산가는 철저히 세워진 계획에 따라 몇 년에 걸쳐 환원을 진행합니다.

앞서 설명한 4단계는 다소 일반화한 이야기로, 각자가 처한 상황은 모두 다릅니다. 이를테면 상당한 자산을 부모로부터 물려받았다면 정착 단계를 건너뛰고 바로 축적 단계로 들어설 수도 있습니다. 노후를 대비해 충분한 자금을 모으지 못했다면 보다 긴 축적 단계를 거칠 수도 있고, 다음 세대나 제삼자에게 남겨 줄 자산이 없을 수도 있습니다.

하지만 어떤 상황이 됐건 장기 플랜을 세워 놓는 것이 재테크에 도움이 됩니다. 큰 그림을 그려 놓고 그 안에서 일어나는 변화에 따라 조금씩 계획을 수정함으로써, 좀 더 일관적으로 재테크를 실행할 수 있기 때문입니다.

제2장

부자의 경제 공부법

교육은 우리 자신의 무지를 점차 발견해가는 과정이다.

– 윌 듀란트Will Durant

POORMAN
VS
RICHMAN

가난한 사람은
과거를
안주로 삼는다.

부자는
미래에 대해
이야기한다.

가난한 사람의 공부법

"내가 말이야, 예전엔 잘나갔다고……"

직장 상사들 중에 이런 사람이 꼭 하나씩 있습니다. 옛날의 영광 속에 사는 사람 말이지요. 회사에서나 회식 자리에서나 과거의 성취를 이야기합니다. 그리고 자신의 방식을 후배들이 배우길 원합니다. 후배들은 대답은 하지만 그에게서 배울 만한 점이 그다지 많지 않다는 것을 알고 있지요.

오래전 송나라에 한 농부가 있었습니다. 하루는 밭을 가는데 토끼 한 마리가 어디론가 달려가더니 밭 가운데에 있는 그루터기에 머리를 들이받고 목이 부러져 죽었습니다. 그걸 본 농부는 그런 일이 또 일어나기를 기대하며 온종일 그루터기만 지켜봤습니다. 하지만 토끼는 다시 오지 않았지요. 이는 《한비자》에 나오는 이야기로, 과거에 집착해 살아가는 사람들의 어리석음에 대한 우화입니다.

과거에 얽매이는 사람들이 보이는 성향이 하나 있습니다. 바로 사후 과잉 확신 편향Hindsight Bias 입니다. '그럴 줄 알았어 효과Knewit-all-along Effect'라고도 알려져 있습니다.

어떤 사건의 결과를 알고 난 후, 마치 처음부터 그 일의 결과가 그러리라는 것을 알고 있었던 양 생각하거나 말하는 경우를 심심치 않게 볼 수 있습니다. 경제 위기 이후 많은 사람들이 "이렇게 될 줄 알았어"라고 말합니다. 또 선거가 끝난 후엔 "저 사람이 당선될 줄 이미 알고 있었지" 하고 이야기하지요. 실제로 그렇게까지 확신하는 사람은 없습니다. 다만 과거에 자신이 했던 행동이나 말이 옳았음을 강조하고 싶을 때 사후 과잉 확신 편향은 두드러집니다.

이처럼 과거에 안주하다 보면, 자칫 앞으로 나아갈 추진력을 잃어버릴 수 있습니다. 과거의 성공이 미래의 성공을 담보하지는 않습니다. 오히려 과거의 성공 공식 때문에 놓치는 부분이 생길지도 모릅니다.

부자의 공부법

"나에겐 버킷리스트가 있어. 좋은 문화가 있는 조직을 만들고 싶고, 고양이와 개와 함께 살고 싶어. 열심히 영어를 공부해서 외국인과 원어민처럼 이야기도 나누고 싶어."

당신에게는 꿈이 있나요? 바쁘게 살다 보면 우리는 하나둘 꿈을 잃어 갑니다. 학창 시절에 상상했던 미래의 내 모습은 희미해지지요. 그럼에도 끊임없이 새롭게 목표를 세우는 사람들을 발견하곤 합니다. 그들은 돈을 버는 것을 목표로 하지 않습니다. 자신이 꿈꾸는 미래를 머릿속에 그리고, 그것을 향해 걸어갈 뿐입니다.

엘론 머스크Elon Musk는 꿈꾸는 사업가의 대표 격인 인물입니다. 영화 〈아이언맨〉의 실제 모델이기도 하지요. 그가 펼치는 프로젝트 하나하나가 모두 거대하고 미래 지향적이어서 감탄을 자아냅니다. 물론 그러한 프로젝트를 두고 비현실적이거나 사업성이 없다는 비판도 많습니다. 전기 자동차의 대명사인 테슬라Tesla를 성장시킨 엘론 머스크는 우주탐사업체 스페이스XSpace X를 통해 우주 수송 장비를 제조하는 사업도 하고 있지요.

성공하는 사람들은 미래를 어떻게 계획할까요? 페이스북 최고운영책임자COO 셰릴 샌드버그Sheryl Sandberg는 "미래를 어떻게 계획하는가?"라는 질문에 쉽게 대답하지 못했습니다. 곰곰이 생각하던 그녀는 자신의 인생과 미래는 '정글짐' 같았다고 했습니다. 컴퓨터도 다룰 줄 몰랐던 그녀는 IT 기업에는 전혀 관심이 없었다고 합니다. 관련 지식과 기술은 당연히 전무했을 정도였습니다.

그런 그녀는 현재 정치에서의 경험을 IT 기업에서 효과적으로 활용하고 있습니다. 엔지니어 출신으로 가득 찬 실리콘밸리에서 자신만의 특별한 경험이 더욱 빛을 발휘하는 것입니다.

모험의 한복판에 있는 여러 스타트업의 CEO들은 '미래 계획'에 대해 이렇게 말합니다. 지금 하고 싶은 목표를 향해 움직이다 보면, 생각지도 못했던 새로운 목표가 새롭게 생겨나게 된다고요.

미래에 대해 이야기할 때 중요한 것은 목표를 명확히 하는 것입니다. 그리고 목록을 작성해 보세요. 시간이 걸리더라도 그 목록을 보면서 목표했던 항목을 하나씩 지워 나가는 것이지요. 언젠가는 그 목표들 중 하나가 더는 나의 목표가 아니게 될 수도 있습니다. 그때는 목록을 수정하면 그만입니다. 다만 목록에 있는 항목에 한 걸음씩 다가가고 있는지 자신을 꾸준히 다독여야 합니다.

저 역시 하고 싶은 일이 생길 때마다 목록에 기록을 해 둡니다. 그리고 그와 관련해 지금 당장 할 수 있는 일을 작게라도 시작하지요. 얼마간 하다 보면 그것이 내가 진짜 하고 싶었던 일인지를 돌아보게 됩니다. 이렇게 여러 개의 목표를 쓰고 또 지우다 보면, 정말로 오랜 시간을 두고 하고 싶은 일이 남게 됩니다. 실제로 그런 목표는 긴 시간에 걸쳐 차근차근 이뤄 나가고 있습니다.

가난한 사람은
가십을
찾아 읽는다.

부자는
외신을
챙겨 읽는다.

가난한 사람의 공부법

"연예인 지라시 온 거 없어? ○○가 ××랑 사귄다던데, 정말일까? 나 하나만 보내 줘!"

우리는 익숙한 것에 대해 더 알고 싶어 합니다. 자신의 경험이나 자주 들어서 익숙하고 쉽게 떠올릴 수 있는 것들을 가지고 세계에 대한 이미지를 만드는 경향을 가용성 편향Availability Bias이라고 하지요. 연예인 가십 혹은 지라시에 많은 사람들이 열광하는 이유에도 이런 배경이 있습니다. 연예부 기자가 출연해 배우나 가수, 운동선수의 뒷얘기를 하는 TV 프로그램도 있는데 시청률이 상당히 높습니다.

익숙한 누군가에게 일어난 사건은 이렇듯 흥미롭습니다. 그 일이 설령 나와는 전혀 무관해도 말이지요. 과거 스포츠 신문과 TV를 통해 소비되던 황색 언론Yellow Journalism은 이제 인터넷과 SNS를 통해 무차별적으로 확산됩니다. 여기에 악성 댓글이 더해져 가십과 지라시는 확대 재생산되고 있습니다. 이처럼 나와 직접 관련이 없는 연예인 혹은 공인에게 지나친 관심이 몰리는 것은 무엇 때문일까요?

심리학자에 의하면 이는 관음증이 보편화된 사례입니다. 더불어, 인간은 타인의 불행에서 즐거움을 느끼기 때문이라고 합니다. 사실 이런 감정은 많든 적든 우리 인간의 어두운 본성이라는 것입니다. 자존감을 얻기 위해 우리는 남보다 우월한 부분을 끊임없이 찾아다닙니다. 비교를 시도하는 뇌 구조를 가졌지요. 타인보다 나은 면을 발견했을 때 느끼는 쾌감이 열등감을 극복하는 데 도움을 준다는 연구 결과도 있습니다.

왜 사람들은 터무니없는 소문에도 관심을 두고 결국에는 그것을 믿게 될까요? 우리는 자주 듣는 이야기를 신뢰합니다. 그에 대한 객관적 증거나 논리가 없더라도 말이지요. 한 대학교수의 연구팀에 따르면, 처음 듣는 소문과 6회 접한 소문의 신뢰도를 비교해 보니 그 내용의 사실 여부에 대한 확신이 40%에서 60%로 증가했다고 합니다.

그런데 문제는 가십이나 지라시, 소문 모두 사실에 근거를 두지 않는 경우가 많다는 것입니다. 다수의 사람들이 제대로 확인되지 않은 정보에 에너지를 소모합니다. 이는 우리가 자기 삶에서 앞으로 나아가는 데 결코 도움이 되지 않습니다.

부자의 공부법

"외국에 나가서 살 계획은 없더라도 외신을 접하는 게 큰 도움이 될 거야. 우리나라에서 기회를 찾는 데 도움이 될지도 몰라."

현재 미국에서 무엇이 화제인지 알고 있나요? 중국 혹은 일본에서는요? 아니면 아프리카에서 벌어진 대규모 테러나 세계 최대의 석유 생산 기업 아람코Aramco의 상장 계획에 대해 들어 본 적이 있는지요?

인터넷이 없던 시절에는 다른 나라들의 소식을 알기가 매우 어려웠습니다. 국내 신문이나 TV 뉴스에서 조금씩 짜깁기해 내보내는 내용을 통해서만 해외의 소식을 접할 수 있었지요. 그러한 보도의 질이 좋은 것도 아니었습니다. 정보의 질보다는 흥미 위주로 뉴스를 선별했기 때문입니다. '해외 토픽'과 같은 제목을 달고 있는 소식들이 흥미 위주로 소비되었습니다.

인터넷 시대가 열리고, 각종 번역 프로그램과 뉴스 채널로 우리는 국제적인 뉴스와 정보를 훨씬 쉽게 접할 수 있게 되었습니다. 그런데 이에 대한 소비는 폭발적으로 늘지 않았습니다. 사람들이

'우리의 뉴스'에만 관심을 두고 해외의 이야기에는 관심이 없는 까닭입니다. 이러한 소비 패턴을 보이는 것은 외신이 당장에 나에게 유용한 정보를 주진 않는다는 학습 효과 때문입니다. 경제나 정치, 혹은 사회 뉴스가 내 피부에 와 닿지 않으니까요.

그런데 외신은 생각 이상으로 크게 도움이 됩니다. "일본을 보면 한국의 10년 뒤를 알 수 있다"라는 말을 들어 본 적이 있을 것입니다. 국가는 가장 큰 규모의 공동체입니다. 모든 국가들은 저마다 그 발전 단계가 다르지요. 우리나라보다 앞선 곳이 있는 반면, 우리나라를 롤모델로 삼는 나라도 있습니다.

외신을 접하는 습관의 장점 중 하나는 세상이 돌아가는 것을 보다 거시적으로 볼 수 있다는 점입니다. 우리나라만 놓고 보면 삼성전자가 어마어마하게 보일 테지만, 애플과 구글의 시가총액의 합은 1조 4,500억 달러입니다. 금액이 어느 정도인지 잘 와 닿지 않을 텐데, 이는 유로존Eurozone과 일본 증시의 시가총액을 넘는 수준입니다. 쉽게 얘기하자면 구글과 애플은 웬만한 나라 몇 개를 합친 것보다도 더 강력한 힘을 가지고 있습니다.

부자는 외신으로부터 힌트를 얻습니다. 해외에서 관심을 두고 있는 사안이라면 국내에서도 관심을 가질 확률이 높으니까요. 부자는 새롭게 주목받는 기업과 사업에 대한 기사를 읽고, 우리나라에 그와 비슷한 기업이 있는지를 살펴봅니다. 부자는 각국 금리의 움직임에도 주의를 기울입니다. 해외 국가들의 금리가 달라지면 우리의 주식 시장도 영향을 받기 때문이지요. 뿐만 아니라, 꾸준히 외신을 읽다 보면 덩달아 영어 실력도 늘어 가는 자신의 모습을 볼 수 있을 것입니다.

- CNN머니 CNN Money
  미국의 뉴스 채널 CNN의 경제 전문 매체입니다. 속보보다는 흥미롭고 재미있는 소식이 많이 올라옵니다. 영어 기사의 수준은 이해하기가 쉬운 편이며, 영상을 함께 제공하는 경우도 많아 내용을 파악하는 데 도움이 됩니다.

- 월스트리트저널 The Wall Street Journal
  미국의 대표적인 경제 일간지입니다. 세계적으로 가장 영향력이 크다고 할 정도입니다. 다른 외신보다는 기사의 내용을 이해하기가 어려운 편이지만, 깊이 있는 기사와 가볍게 읽을 수 있는 기사가 적절히 어우러져 있습니다.

- **파이낸셜타임스**Financial Times

    영국의 경제 전문지로, 영국 영어를 사용하고 어려운 표현이 많아 내용

    을 이해하는 것이 쉽지는 않습니다. 하지만 사설만큼은 읽을 가치가 상

    당합니다.

- **허핑턴포스트**Huffington Post

    2005년 설립된 미국의 대표적인 온라인 뉴스 매체로, 정치, 미디어, 비

    즈니스, 엔터테인먼트, 환경 등 폭넓은 주제를 재미있게 풀어냅니다.

    우리나라에서는 한겨레와 제휴해 2014년 2월 〈허핑턴포스트코리아〉

    가 창간되었습니다.

가난한 사람은
뉴스의
헤드라인만 읽는다.

부자는
뉴스의
흐름을 분석한다.

가난한 사람의 공부법

"시간도 없는데 언제 기사를 다 읽고 앉아 있겠어. 헤드라인만 봐도 무슨 내용인지 뻔하지 않아?"

우리나라의 언론 산업은 어떻게 변화하고 있을까요? 우선 신문의 판매 부수는 계속 하락하고 있습니다. 20, 30대의 경우 집에서 유료 신문을 구독하지 않는 경우가 많습니다. 그런데 아이러니하게도 언론사의 수는 늘었습니다. 바로 인터넷 때문이지요. 뉴스를 유통하는 것이 과거보다 편리해졌기에 매체가 우후죽순 생겨나게 된 것입니다.

하지만 아쉽게도 기사의 질은 좋아지지 않고 있습니다. 쏟아지는 기사의 양은 엄청나지만, 정작 그 가운데 가치 있는 기사는 줄어드는 현상이 일어나고 있는 것입니다. 다른 언론사의 기사를 그대로 베끼거나, 충분한 지식 없이 기자가 보도 자료를 베껴 쓴 기사들의 비중은 우리의 예상을 크게 웃돕니다. 여기에 광고성 기사가 더해져 구독자들은 양질의 기사를 찾는 데 많은 품을 들여야 합니다.

이런 환경에서 대부분의 사람들은 뉴스를 접할 때 헤드라인에 집중합니다. 기사를 읽더라도 맨 앞의 문단만 읽게 됩니다. 그런데 기사를 이런 방식으로만 읽으면 우리에게 정보는 쌓이지 않습니다. 그저 피상적인 내용이 우리의 눈을 스치고 갈 뿐이죠. 더욱이 헤드라인에만 집중하게 되면 정확한 정보보다는 자극적인 정보에만 노출될 우려가 있습니다.

경제학에서는 사람들이 어림짐작으로 무언가를 판단해 대충 결론을 내리는 경향을 휴리스틱Heuristics이라고 칭합니다. 그리고 '대표성 휴리스틱'이란 특정 상황을 판단할 때 대표적인 특징이나 속성을 바탕으로 판단하는 오류를 말합니다. 우리는 헤드라인, 혹은 기사의 첫 몇 문단만 읽고 상황을 정확히 판단할 수 없습니다. 오히려 읽지 않는 게 더 나은 경우도 생깁니다. 언론사는 기사의 제목을 정할 때 심혈을 기울입니다. 사람들이 그 제목을 보고 기사를 클릭하기 때문이지요. 더 많은 독자들의 관심을 끌기 위해 언론사는 기사의 내용보다 과한 제목을 뽑아냅니다. 때론 기사 내용과 크게 상관없는 자극적이고 선정적인 제목을 만들어 내기도 하지요.

그러니 헤드라인만 읽고 그 내용을 판단해선 안 됩니다. 특히 투자와 관련된 의사 결정은 더욱 그렇습니다. 도리어 기사에서 중요한 부분은 주제를 풀어 설명하는 중간 단락입니다. 헤드라인을 뒷받침할 객관적 근거와 논리, 그리고 인터뷰의 내용이 바로 이 단락에 포함돼 있지요. 만약 헤드라인을 보고 관심 가는 기사를 발견했는데 정독할 시간이 없다면, 각 단락의 가장 첫 문장들만이라도 읽어 볼 것을 권유합니다.

부자의 공부법

"기사 하나하나만 읽어서는 내 것으로 만들 수 없어. 기사와 기사가 서로 어떻게 연결되는가를 살펴봐야지. 기사에서 중요한 부분은 메모를 해 둬야겠어."

뉴스의 흐름을 따라가는 것은 어렵지 않지만, 연습이 필요합니다. 정보가 방대한 만큼, 뉴스를 읽는 순서뿐 아니라 중요한 것과 중요하지 않은 것을 구분해야 하기 때문입니다.

언론사는 여느 회사와 마찬가지로 부서가 나누어져 있습니다. 취재 팀은 큰 주제를 기준으로 나뉩니다. 정치부, 사회부, 경제부,

문화부, 국제부 등으로 구분되어 각자가 맡은 분야에 대해 심층적으로 취재합니다. 특히 다루어야 할 정보가 많은 경제부는 다시 증권 팀, 부동산 팀, 기업 팀, 산업 팀, IT 팀, 유통 팀 등 세부 분야로 쪼개어 팀을 두고 있지요.

이렇듯 거미줄처럼 연결된 뉴스를 어디서부터 어떻게 보아야 할까요? 당신에게 시간이 충분하다는 가정하에, 뉴스를 효과적으로 읽는 순서는 따로 있습니다. 가장 먼저 읽어야 할 섹션은 '정책' 분야입니다. 정부의 정책은 산업 전반에 영향을 미칩니다. 정부가 나름대로 고민해 온 주요 사안에 시간과 재원을 투자하는 것이므로 기업들 역시 정책의 흐름에 관심을 둡니다.

특히 경제 정책은 우리의 재테크에 매우 중요합니다. 눈여겨봐야 할 것은 정책의 흐름입니다. 부동산 정책이 집값을 억제하는 방향인지 아닌지에 따라 집을 사야 할 것인가, 월세를 이어 갈 것인가가 결정되지요. 가령 주택 담보 비율Loan to Value과 부채 상환 비율Debt to Income 등을 낮추는 정책이 진행되고 있다면, 빚을 내어 집을 구입하려는 계획에 대해 다시 생각해 봐야 할 것입니다.

정책에 이어 읽어야 할 섹션은 '산업' 분야입니다. 산업 면에서는 개별 기업보다 더 넓은 범위의 이슈를 다룹니다. 여러 산업들이 성장하고 영광의 시기를 거치다가 쇠락합니다. 우리나라의 대표 산업이던 조선과 해운, 그리고 건설은 현재 중국의 도전으로 인해 고전하고 있지요. 반면 반도체 산업은 다시금 슈퍼사이클super-cycle에 진입하는 모습을 보이고 있습니다. 산업의 변화는 세계적인 경쟁 구도에 영향을 받습니다. 그러므로 한번 변화가 감지되면 쉽게 그 방향을 바꾸기 어렵습니다. 당연히 그 산업에 속한 기업들은 거대한 흐름 속에서 나름의 노력을 하게 되지요.

이렇게 정책, 산업 분야의 기사를 파악한 후 개별 기업에 관련된 기사를 접하면 내용을 좀 더 깊이 이해할 수 있습니다. 그리고 마지막으로 읽어야 하는 섹션이 '증권'입니다. 기업의 주가나 금융 활동에 대한 기사들은 우리가 재테크를 하는 데 직접 활용할 수 있습니다. 만약 증권 관련 기사를 가장 먼저 읽으면, 충분한 이해 없이 투자 의사를 결정하게 될지도 모릅니다. 그리고 더 큰 그림을 보지 못할 수도 있지요.

앞서 설명한 기사 읽기의 순서는 재테크를 위한 방법입니다. 하지만 다른 분야에도 적용할 수 있습니다. 되도록 거시적인 기사를 먼저 읽고, 미시적인 기사는 뒤로 미루는 것이 시간을 절약하는 방법입니다. 이 밖에 외신도 구독하고 있다면, 가장 먼저 해외 소식을 살펴보는 것도 좋습니다. 그런 다음 국내 기사를 읽으면서 비교할 수 있을 테니까요.

가난한 사람은
회사에서 시키는
공부만 한다.

부자는
자신의 영역을
넓혀 나간다.

가난한 사람의 공부법

"회사 업무 따라가기도 바빠. 괜히 사서 고생할 필요 있나?"

직장인은 바쁩니다. 아침 6~7시에 일어나서 출근 준비를 하고 회사에 갑니다. 기본적으로 9시부터 오후 6시까지 업무를 하는데, 아침저녁으로 여유를 가져 보려 해도 그리 넉넉한 시간을 확보하기는 어렵습니다. 돌봐야 할 자녀가 있다면 짬 내기란 더욱 어렵지요. 눈코 뜰 새 없이 하루를 보내다 보면, 회사에서 요구하는 업무만 처리하기도 버겁습니다.

2016년 우리나라 노동자의 연간 근로시간은 2,300시간에 달했습니다. 이는 2015년 기준 최장 근로시간 국가였던 멕시코(2,246시간)보다도 많은 수치이지요. 근로시간이 가장 짧은 독일(1,371시간)과 비교하면 우리나라의 근로시간이 얼마나 긴지를 알 수 있습니다. 평일에 연장 근무를 하는 직장인은 10명 중에서 4명이나 됩니다. 황금연휴에 법정 휴일을 즐길 수 있는 사람도 생각보다는 많지 않습니다.

우리나라에서 칼퇴근은 꿈같은 일입니다. 핀란드, 덴마크, 헝가리 등은 주 60시간 이상 근무하는 노동자의 비율이 2%도 채 되지 않는다고 하니 부러울 따름입니다.

이런 악조건 속에서 회사의 업무를 넘어 자신의 영역까지 넓히기란 참 어려운 일입니다. 그럼에도 과거처럼 회사가 직원의 고용과 생계를 평생 책임지지는 않기 때문에, 많은 사람들이 딜레마에 빠집니다. '회사에 충성하는 게 과연 맞는 걸까?' 하는 의문이 드는 것이지요.

"회사에서 시키는 것만 하다간 새로운 기회를 잡을 수가 없어."

회사의 업무에는 2가지 종류가 있습니다. 회사 밖, 혹은 다른 회사에서도 사용할 수 있는 범용적인 능력이 필요한 업무, 그리고 그 회사에서만 필요한 업무입니다. 문제는 후자입니다. 회사에서는 꼭 필요한 업무와 능력이지만 외부에서의 활용도가 떨어진다면, 개인보다 회사가 힘을 더 가질 수밖에 없기 때문이지요. 여기에 더해 자신의 능력이 뻗어 나가지 못하고 제한적인 범위에 국한되게 됩니다.

예를 들어 보겠습니다. 은행 창구에서 일하는 텔러는 창구에서 고객을 응대하는 일을 합니다. 수신, 여신, 외환, 신용, 전자 금융 등에 관련된 업무를 하는데 각 은행의 프로세스에 따라 일을 처리하게 되지요. 이러한 업무는 상당히 복잡해서 적응하는 데에 시간과 노력이 필요합니다. 하지만 아쉽게도 텔러에게는 이직의 기회가 많지 않습니다. 은행마다 신입 사원을 뽑아 자신들의 프로세스에 맞춰 교육하는 것이 비용 대비 효율적이기 때문입니다.

우리나라는 고도 성장기를 겪었습니다. 유례를 찾아보기 힘들 정도의 속도였지요. 1980년대와 1990년대 우리나라의 기업들은 '평생 고용'을 모토로 삼았습니다. 물론 임직원도 회사에 충성하면 그 대가를 충분히 받을 수 있었습니다. 당시 회사는 개인에게 생활의 중심이 되었습니다. 회사 일이라면 가정보다 우선시되던 시기였으니까요. 지금의 중년층이 청년들에게 "회사는 어려운 일이 있어도 참고 묵묵히 다니는 거야"라고 충고하는 것은 과거의 이러한 시대적 배경 때문일지도 모릅니다.

회사는 직원에게 충성을 요구했고, 직원은 충분한 보상을 얻을 수 있었기에 그에 응했습니다. 기업은 성장하고 있었으므로 서로

가 서로에게 좋았던 시절이었던 셈입니다. 따라서 다수의 사람들은 회사가 요구하지 않은 무엇인가를 배울 필요가 없었습니다.

이러한 문화는 아직도 우리 사회에 남아 있습니다. 퇴근하고 자기 계발에 시간을 투자하는 직원에게 "저 친구, 이직하려는 거 아냐?"라는 식의 곱지 않은 시선을 보내지요. 그리고 회사에 오래 재직하거나 회식에 항상 참석하는 직원을 높게 평가합니다. 실제로 일을 잘하는지 아닌지는 떠나서 말이지요.

하지만 더는 회사가 우리의 미래를 담보해 주지 못합니다. 1980년대와 1990년대 고도성장기에 어마어마한 규모로 성장했던 재벌 기업들뿐만 아니라 중소 중견 기업들이 최근 10년간 수도 없이 사라졌습니다. 우리나라 기업의 수명은 평균 30년에 못 미칩니다. 대기업을 제외하면 평균치는 더 낮아지지요. 자의이건 타의이건, 우리는 적어도 2개 이상의 회사에 근무해야 한다는 이야기입니다.

그러니 자신의 영역을 넓혀 가세요. 지금 다니고 있는 회사에서 당장 활용할 순 없는 것이더라도 우리는 범용적인 능력을 갖춰야 합니다. 그래야 선택의 폭이 넓어져 불시에 일어날지 모를 구조조정이나 산업 및 시대의 변화에서 살아남을 수 있으니까요.

- **패스트캠퍼스**

  실무와 관련된 강의를 제공합니다. 마케팅, 프로그래밍, 데이터 사이언스, 파이낸스, 크리에이티브, 비즈니스 등 최근 들어 주목받고 있는 분야에 대하여 가장 효율적으로 배울 수 있습니다.

  school.fastcampus.co.kr

- **파인트리 오픈클래스**

  실용성에 초점을 맞춘 업무 교육 콘텐츠를 제공합니다. 페이스북 마케팅, 쇼핑몰 제작, 동영상 콘텐츠 전략, 부동산 경매 등 흥미로운 강의를 지속적으로 제공하고 있습니다.

  pinetreeopenclass.com

가난한 사람은
빨리 딸 수 있는
자격증에 관심이 있다.

부자는
자신에게 자격증이
왜 필요한지를 고민한다.

가난한 사람의 공부법

"자격증은 많을수록 좋아. 금방 딸 수 있는 게 뭐가 있을까?"

취득한 각종 자격증들이 빽빽이 쓰여 있는 경쟁자의 이력서를 보노라면 왠지 다급해집니다. 자격증마다 가산점이 있다는 이야기를 들었다면 마음은 더 급해집니다. '자격증이 하나라도 더 많으면 어떻게든 취업이나 이직에 도움이 될 거야'라는 생각에 단기간에 취득할 수 있는 자격증이 무엇인지부터 알아보게 되지요.

자격증 속성 취득 학원에서는 핵심만 짚어 준다는 강의를 내세워 취업 준비생과 직장인의 마음을 흔듭니다. 우리나라에 만연한 잘못된 공부법 중 하나가 이른바 '족집게 공부법'입니다. 많은 사람들에게 익숙한 공부법이지요. 중·고등학교 시험, 대학교 입시, 대학교의 중간고사와 기말고사, 심지어 회사의 승진 시험에 대해서도 핵심만 요약한 '족보'가 존재합니다. 시험에 효율적으로 대비한다는 명목 아래 우리는 최소한의 공부로 좋은 결과를 얻으려는 경향이 있습니다.

그런데 빠르게 취득한 자격증이 정말 도움이 될까요? 자격증은

2개의 역할을 합니다. 하나는 '간판'이고, 다른 하나는 '능력'입니다. 만약 당신에게 어떤 자격증이 있다면, 상대방은 당신에게 그 분야와 관련해 어느 정도의 능력이 있다고 생각하게 됩니다. 실제로 자격증을 취득하려고 충실히 공부했다면 당신은 그런 능력을 갖추고 있겠지요. 그래서 회사의 중역들도 자격증을 따기 위해 노력합니다. 능력은 있어도 간판이 없어서 자격증에 관심을 두는 경우이지요.

하지만 대부분의 사람들은 간판과 능력을 동시에 얻기 위해 자격증 공부를 합니다. 그런데 간판만 있고 능력은 없다면 어떨까요? 아마 상대방은 실망할 것이고, 당신은 "저 사람은 ○○○ 자격증도 있는데 실력은 영 아니야" 하는 최악의 평판을 얻게 될지도 모릅니다. 단순히 스펙을 쌓으려는 목적으로 자격증을 준비하는 것은 그래서 위험합니다.

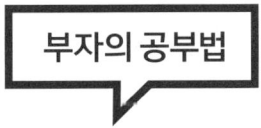

부자의 공부법

"자격증이 지금 필요할까? 언제 준비하는 게 내게 도움이 될지 생각해 보자."

취업 준비생이건 직장인이건, 자격증 응시료나 학원비를 따지기에 앞서 '기회비용'을 고민해 봐야 합니다. 취업 준비나 직장에서의 업무가 자격증보다 더 중요한 시기도 있습니다. 가령, 취업 시 토익 점수가 우선 필요할 수 있고, 당장 진행 중인 회사 프로젝트에 힘을 실어야 할 때도 있지요. 자격증이 '만능열쇠'가 아닌 이상, 자격증 취득의 우선순위를 판단해야 한다는 의미입니다.

또 자격증이 항상 미래의 내 커리어에 도움 되는 것은 아닙니다. '어쨌든 따고 보자'는 식으로 취득한 자격증이 무용지물이 되는 순간도 많습니다. 단순히 이력서에 기재하기 위한 자격증은 100% 힘을 발휘하지 못하지요. 자격증은 이력서의 수많은 내용 중 하나일 뿐이라는 사실을 기억해야 합니다. 그것이 업무와 직결되는 자격증이 아니라면, 당신이 지원한 회사에서 당신에게 큰 점수를 줄 이유가 없지요. 자격증을 취득할 시간에 오히려 그 회사에 대해 공부하는 것이 더 도움이 될지도 모릅니다.

수많은 종류의 자격증 중에서 무엇을 준비할 것인가도 고민거리입니다. 먼저, 자신이 하고자 하는 업무와 적절히 연관되어 있는지 알아봐야 합니다. 이는 자격증을 취득하기 위해 공부해야 하는 과목들을 보면 쉽게 판단할 수 있습니다. 금융업계 전반에서 활용할 수 있는지, 아니면 외환이나 무역과 같이 특정 분야에만 유효한지도 이를 통해 알 수 있습니다.

자격증 취득에 소요되는 기간도 고려해야 합니다. 짧으면 1~2개월, 길면 3~5년이 걸리기도 합니다. 취업, 결혼, 이직, 출산 등 여러 이벤트로 도중에 자격증 취득 준비를 포기한다면 결국 상당한 시간을 허비하는 셈일 수 있지요.

그리고 준비할 시간이 충분한데도 단기간에 쉽게 취득할 수 있는 자격증만 노린다면, 그렇게 해서 자격증 여러 개를 취득하더라도 이를 통해 얻는 이익은 기대에 못 미칠 수도 있습니다. 증권 투자 상담사, 파생 상품 투자 상담사, 펀드 투자 상담사 등 여러 개의 자격증을 보유한 것보다는 금융 자산 관리사와 같은 자격증 하나가 주는 인상이 더 강합니다.

자격증 취득에 대한 기회비용이 자격증의 가치보다 더 크다면, 자격증에 대한 미련을 버려야 합니다. 주객이 전도되어선 안 됩니다. 세상에는 자격증보다 중요한 것이 훨씬 많습니다. 일에서는 실무 능력과 인간관계가 기본이며, 생활에서는 에너지를 재충전하는 것이 반드시 필요합니다. 자격증은 나의 삶에서 자기 계발을 돕는 하나의 도구일 뿐입니다.

가난한 사람은
자신이 흥미 있는
책을 주로 읽는다.

부자는
독서 분야의
스펙트럼이 넓다.

가난한 사람의 공부법

"역시 A 작가의 책이 최고야."

저는 초등학생 때 이문열의 책《삼국지》를 읽었습니다. 당시《삼국지》열풍은 대단했습니다. 1990년대 초반 서울대학교 수석 합격자가 이 책을 여러 번 읽었다고 말하면서 수능 시험 대비 필독서로도 엄청난 인기를 끌었지요. 이 책은 1,700만 부가 넘게 판매되었고, 이후 출간된 황석영의《삼국지》도 250만 부 이상 판매된 것으로 알려졌습니다.

그렇게 모두가 읽는《삼국지》를 저 역시 두어 번 읽었던 기억이 납니다. 하지만 돌이켜 생각해 보면 제가 그 책의 20% 정도나마 이해했을까요? 서사적인 이야기의 중간중간에 나오는 일기토 장면에서만 재미를 느꼈던 것 같습니다. 이후 한동안은 흥미 위주로 책을 골라 읽었습니다. 주로 소설이었지요. 베르나르 베르베르, 무라카미 하루키, 그리고 이외수 작가의 책을 찾아 읽으며 시간을 보냈습니다.

그런데 군대에 가면서, 제가 원하는 책만 읽을 수는 없게 되었습니다. 군대 도서관에는 그런 책들이 얼마 있지 않았던 것이지요. 자연히 아무 책이나 읽게 되었습니다. 여행, 역사, 전쟁에 관련된 도서들을 접하면서, 이전에는 전혀 몰랐던 영역에 대해 조금씩 알아 가게 되었습니다.

그리고 전역을 한 후 제 취미 중 하나는 서점에서 신간 코너를 훑는 것이 되었습니다. 신기해 보이거나 어려워 보이는 책을 골라 잡아 천천히 읽다 보면 어느새 그 내용에 몰입하게 되었지요.

흥미로운 책을 읽는 것이 나쁜 건 아닙니다. 독서 자체는 그 어느 취미와 비견하더라도 뒤처지지 않으니까요. 하지만 나에게 익숙하고 내가 좋아하는 장르의 책을 읽는 것과 그렇지 않은 책을 읽는 것에는 분명 각기 다른 재미가 있습니다.

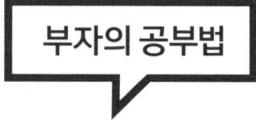

부자의 공부법

"오늘은 인종차별에 관한 책을 읽어 볼까? 아는 건 전혀 없지만, 전부터 한번 알아보고 싶었어."

페이스북 CEO인 마크 저커버그는 2015년에 어떤 책을 읽었을까요? 그는 《뉴 짐 크로The New Jim Crow》, 《오웰의 복수Orwell's Revenge》, 《중국과의 거래Dealing With China》, 《사람들은 어떻게 광장에 모이는 것일까?Rational Ritual》, 《과학 혁명의 구조The Structure of Scientific Revolutions》, 《창의성을 지휘하라Creativity, Inc.》, 《면역에 관하여On Immunity》, 《괴짜 사회학Gang Leader for a Day》 등을 읽었다고 합니다. 제목만 봐도 다양한 분야를 망라하고 있습니다.

IT 기업의 CEO는 자기 분야만 공부해도 시간이 부족할 텐데, 왜 이처럼 자신의 영역과 무관한 주제의 책을 읽는 것일까요? 전문가들은 다양한 분야에 걸친 독서야말로 가장 효율적인 독서 습관이라고 말합니다. 독서의 목적은 지식 습득입니다. 즉, 자신이 모르는 영역에 대한 탐구인 것이지요.

예를 들어 당신이 인종차별에 대한 지식이 없다면, 관련 서적 한 권만 읽더라도 꽤 많은 새로운 정보를 흡수하게 됩니다. 나와 무관하다고 생각했던 주제 속에서 새로운 흥밋거리를 찾게 되고, 그 흥밋거리는 새로운 아이디어로 연결되지요. 마크 저커버그의 독서 습관은 어쩌면 CEO들에게 최적화된 방법일지도 모릅니다.

그래서 독서 전문가들은 '불편한 책을 읽어야 한다'고 조언합니다. 우리는 전문용어가 많은 책, 내가 알지 못하는 영역의 책, 분량이 많아 두꺼운 책을 선뜻 고르지 못하지요. 읽기 불편하기 때문입니다. 하지만 이런 도서를 선택하여 읽으면 전보다 더 많은 고민을 하게 되고, 이를 통해서 한층 더 깊은 사고를 할 수 있습니다.

독서의 목적이 휴식이라면 꼭 이런 책을 읽을 필요는 없습니다. 그렇다 해도, 불편한 책을 읽는 습관을 익히면 어느 순간부터는 그러한 독서를 즐기고 있는 자신을 보게 될지도 모릅니다. 물론 독서 습관은 쉽게 형성되지 않습니다. 우리나라 국민들의 평균 독서량은 1년간 9권이 되지 않으며, 독서량은 점점 줄어드는 추세입니다. 많은 이들이 독서에 익숙하지 않다고 볼 수 있지요.

그렇다면 어떻게 해야 독서하는 습관을 들일 수 있을까요? 우선은 흥미 위주의 독서부터 시작해야 합니다. 활자에 익숙해짐과 동시에 책은 즐거운 것이라는 사실을 배우는 단계이지요. 그리고 서서히 '불편한 책'으로 옮겨 가면 됩니다. 책 읽는 습관을 들이기 위해 노력하는 단계가 지나면, 몰입의 단계에 접어들 것입니다. 몰입이라는 이 느낌은 우리에게 낯설지 않습니다. 보던 영화나 드라마를 계속 보고 싶은 그 감정과 같지요. 다만 그 대상이 책일 따름입니다.

- **비블리**

  책을 카메라로 촬영하면 이를 인식해 모바일에 내 서재를 만들어 줍니다. 그래서 그 서재의 책과 연관된 다른 도서를 추천해 주기도 하고, 특정 키워드를 입력하면 그에 해당하는 도서를 제시해 주기도 합니다.

- **플라이북**

  마찬가지로 도서를 추천해 줍니다. 이런 추천 도서를 매월 1회씩 자동으로 배송되게 설정해 받아 볼 수도 있습니다. 랜덤으로 책을 읽어 보고자 할 때 유용한 기능입니다. 내 주변에서 실제로 이루어지고 있는 독서 모임도 소개해 주어, 오프라인 독서 모임과 연동할 수도 있습니다.

- **북맥**

  개인의 독서 취향을 빅데이터 방식으로 분석해 이를 기반으로 도서를 추천합니다. PC 버전과 앱 버전을 동시에 제공하고 있습니다.

가난한 사람은
생명보험에 별생각 없이
가입한다.

부자는
생명보험에 가입할 때
꼼꼼히 계산하고 따져 본다.

가난한 사람의 공부법

"보험은 일단 들고 보는 거야. 어떤 식으로든 도움이 되겠지."

어느 날, B 씨는 오랫동안 연락 없이 지냈던 고등학교 동창 A 씨의 전화를 받았습니다. 오랜만에 얼굴 좀 보자던 친구 A 씨는 보험 판매원이었습니다. 역시 자동차 영업 사원인 B 씨는 영업직의 고충을 잘 알고 있는 터라 그리 기분이 나빠지는 않았습니다.

"보험은 어차피 하나쯤은 있어야 해. 누구나 보험은 들어 두거든. 나이 먹어서 가입하면 더 비싸. 미리미리 가입해 놓는 게 좋아. 그리고 이왕 가입할 거면 보상 금액이 많으면 많을수록 유리해. 그래야 보험금이 제 역할을 하지."

B 씨는 친구 A 씨의 말이 그리 틀리지 않아 보였고, 그 자리에서 보험에 가입하기로 했습니다. A 씨는 그런 B 씨가 고마웠는지 연신 인사를 했습니다. B 씨는 어차피 가입할 보험도 들었고 곤란한 친구도 도울 수 있었기에 만족했습니다.

그런데 1년이 지나, B 씨는 개인적인 사정 때문에 회사를 쉬게 되었습니다. 어쩔 수 없이 생활비도 아껴야 했지요. 그러다가 그는 보험료로 매달 30만 원이 나가는 것을 확인할 수 있었습니다. 그동안은 신경 쓰지 않았는데 지금에 와서 보니 자신의 소득 수준에 비해 너무 과한 것 같았지요. 해약을 하기 위해 친구 A 씨에게 전화했지만 그는 회사를 옮긴 후였습니다. 보험 회사를 찾아간 B 씨는 그리 반갑지 않은 답변만 들을 수 있었습니다.

"지금 해지하시면 납입한 금액 가운데 80%만 돌려받으실 수 있습니다."

B 씨는 보험 계약을 해지하자니 손해 볼 게 아까웠고, 그렇다고 계속 보험료를 납입하자니 비용이 부담스러웠습니다. 고민 끝에 결국 그는 눈물을 머금고 보험을 해지했습니다. 친구 A 씨와는 데면데면해져 연락도 하지 못하게 되었고요.

이런 일은 자주 있습니다. 매달 얼마씩 내면 수억 원의 보험금을 받을 수 있다고 설득하는 보험 판매원의 말을 그냥 지나칠 사람은 많지 않겠지요. 실비 보험과 특약 등에 대해 설명을 듣노라면 '나도 이 보험 하나쯤은 있어야겠다'는 생각이 듭니다.

그런데 이렇게 생각해 볼까요? 보험사에서 지급하는 돈, 바로 그 보험금은 수많은 가입자들로부터 걷은 것이지요. 보험사는 그것을 모았다가 다시 나누어 주는 역할을 합니다. 따라서 보험료를 납부하고 또 보험금을 수령하는 과정에서 우리는 경제적으로 큰 이득을 볼 수 없습니다. 다만 위험이 닥쳐 재정적으로 어려움이 생기는 것을 대비하는 것이지요. 이처럼 보험은 불확실성을 제거하기 위한 것이지 돈을 벌기 위한 것이 아님을 잘 알아야 합니다.

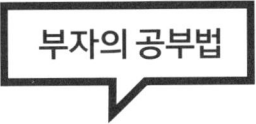

"내가 사망했을 때 우리 가족에게 필요할 자금을 계산해 보자."

우리는 누구나 죽습니다. 어쩌면 남은 가족들의 생활을 위한 재산을 충분히 모으기도 전에 죽음을 맞기도 할 것입니다. 자녀 교육비, 배우자의 생활비, 그리고 상속 등 걱정거리는 항상 있는 법이지요. 우리는 근로를 하며 돈을 법니다. 이를 금융 용어로 풀면, 인적 자본human capital이 금융 자본financial capital으로 변해 가는 과정입니다. 우리는 인적 자본을 통해 소득을 얻고 저축을 하면서 금융 자본을 쌓습니다. 그런데 금융 자본이 충분치 못하다면 어떨까요?

사망 위험mortality risk을 금융 상품으로 보완할 수 있는데, 이것이 바로 생명보험입니다. 그리고 가장 적절한 보험료는 사망 시에 부족하리라 예상되는 금융 자산일 것입니다. 생명보험은 현재의 자산 규모, 사망률, 소득, 인적 자본, 그리고 위험에 대한 성향 등에 영향을 받습니다.

당연한 이야기이지만, 재산이 많을수록 생명보험에 가입할 이유는 줄게 됩니다. 우리가 일찍 사망했을 때 걱정되는 것은 남은 가족의 생계입니다. 즉, 생명보험을 통해 '안전한 수준의 재산'이 필요한 것이지 '엄청난 부'를 물려주고자 하진 않지요.

사망률은 개개인의 건강과 관련이 깊습니다. 암 등 특정 질병에 가족력이 있거나 자신의 건강이 좋지 않다고 스스로 느낀다면 생명보험은 훌륭한 상품입니다. 하지만 평균 이상으로 건강하다면 그만큼 생명보험의 필요성도 낮아집니다.

인적 자본이 얼마나 남았는지도 중요합니다. 쉽게 이야기하면, 앞으로 일을 할 수 있는 기간이 길수록 인적 자본은 많아집니다. 생명보험은 앞날이 창창한 젊은 사람들에게 더 유용한 셈이지요. 하지만 많은 이들이 젊을 때 생명보험에 가입하지 않는데, 여기에는 2가지 이유가 있습니다. 자신이 사망했을 때 보살펴야 할 자녀가 없거나, 죽음이라는 것에 대해 구체적으로 생각해 보지 않아서입니다.

마지막으로, 위험에 대한 성향 역시 생명보험의 가입 여부와 보험료에 직접적인 영향을 미칩니다. 위험을 회피하고자 하는 사람들이 더 많이 보험을 찾고 더 높은 보험 보상금을 책정합니다. 그런데 아이러니하게도, 보험은 위험을 기꺼이 감수하려는 사람들에게 더 필요합니다. 그들은 취미나 직업에서 더 위험한 선택을 하는 편이므로, 그만큼 사망률도 높기 때문입니다.

누군가의 권유로 생명보험에 가입하지는 마세요. 생명보험은 나와 배우자, 그리고 자녀에게 매우 중요한 금융 상품입니다. 적절한 시기에 뚜렷한 근거를 가지고 규모에 맞는 생명보험에 가입해야 합니다. 그러기 위해서는 자신의 커리어와 앞으로의 계획, 건강 상태, 위험에 대한 성향 등 다양한 항목들을 찬찬히 살펴볼 필요가 있습니다. 잘 가입한 생명보험 하나가 가족의 재무적 불확실성을 줄여 줄 것이며, 이는 생활의 안정으로 이어질 것입니다.

가난한 사람은
세금은 피할 수 없다고
생각한다.

부자는
절세를 적극적으로
활용한다.

"세금은 당연히 내는 거지, 뭐. 누구는 내고 누구는 안 낸다는
게 말이 돼?"

세금을 내지 않는 나라가 있습니다. 바티칸, 모나코, 브루나이
는 국민들이 세금을 납부하지 않습니다. 관광 수입과 천연자원
수출로 정부를 운영하기에 충분한 돈이 들어오기 때문입니다. 매
우 이례적인 경우이지요. 인구수가 절대적으로 적고, 국토가 그리
크지 않기에 가능한 일입니다. 부럽지만 우리나라에서 일어날 법
한 일은 아닙니다.

우리가 하는 거의 모든 경제 활동에는 세금이 붙어 다닙니다.
소득에는 소득세가 붙습니다. 회사가 이익을 내면 법인세를 내야
합니다. 집과 땅 등 재산을 보유하고 있으면 재산세를, 물건을 구
입할 때면 부가 가치세를 내게 됩니다. 권리를 사고팔 때는 등록
세, 이동할 때는 통행세 등 수많은 종류의 세금이 존재합니다. 우
리는 알게 모르게 이런 세금을 정부에 내고 있습니다.

그런데 세금은 정말 피할 수 없는 것일까요? 그렇지 않습니다.

세금 시스템이 복잡한 만큼, 서로 동일한 환경에서도 누군가는 세금을 더 내는 경우가 발생합니다. 대신 다른 누군가는 덜 내게 되어 있지요. 부자들은 대부분 세무사를 일시적으로 고용해 절세 작업을 진행합니다. 하지만 대부분의 사람들은 세금을 줄이기 위해 스스로 노력하는 수밖에 없지요. 절세 습관은 당장은 크게 도움이 되지 않을 수 있지만, 평생을 놓고 보면 꼭 필요한 기술 중 하나입니다.

부자의 공부법

"동료 김 대리가 연말정산으로 100만 원이나 돌려받았다니. 나도 비슷한 연봉에 지출도 적지 않으니, 계획만 잘 세우면 세금을 많이 아낄 수 있겠어."

탈세와 절세는 엄연히 다릅니다. 세법이 인정하고 있는 바에 따라서 세액을 줄이는 것을 절세라고 합니다. 절세는 세금에 대해 알면 알수록 그 효과가 커집니다. 그야말로 '아는 만큼 보이는' 것이 절세입니다. 기업 혹은 자산가는 회계사를 고용해 절세에 나서지만, 다수의 사람들은 단지 절세만을 위해 회계사를 고용할 순 없습니다.

그럼에도 스스로 절세할 수 있는 여지는 많습니다. 재테크를 하다 보면 금융 소득이 발생합니다. 이자 소득세도 그 가운데 하나이지요. 이자 소득세는 말 그대로 이자에 부과되는 세금입니다. 이자 소득세가 14%이고, 이자 소득세의 부가세인 주민세 1.4%를 더하면 총 15.4%의 세금이 이자에 붙습니다.

이자 소득이 연간 4,000만 원을 넘어가게 되면 '금융 소득 종합과세' 대상이 됩니다. 금융 소득 종합과세는 금융 소득(이자 소득과 배당 소득)을 개인의 다른 소득과 합산하여 세금을 매기는 제도입니다. 즉, 이자 소득세보다 더 많은 세금을 내야 합니다. 따라서 절세를 위해서는 금융 소득 종합과세 대상이 되지 않도록 유의해야 합니다. 비과세 금융 상품을 적극적으로 활용해 보는 것도 좋습니다.

한편, 꼭 챙겨야 할 절세 수단이 연말정산입니다. 특히 세금이 원천징수되는 직장인에게는 더욱 중요합니다. 연말정산에 어떻게 대비하느냐에 따라 많게는 수백만 원까지 세금을 환급받을 수 있지요. 연말정산을 100% 활용하는 방법은 다음과 같습니다.

*비과세 금융 상품 및 세금 우대 상품

상품명	취급 기관	가입 대상	가입 기간	비과세 한도	비고
장기 주택 마련 저축	전 금융기관	• 만 18세 이상 세대주로서 무주택자 • 85㎡ (25.7 평)이하 1주택 소유자 (주택 기준 시가 3억 원 이하)	7년 이상	분기 300만 원 (2012년 12월 31일로 종료)	• 가입자가 일정 소득과 일정 요건을 갖춘 경우 납입액의 40% (연 300만 원 한도)까지 소득공제 (2010년 이후 가입자는 소득공제 혜택 없음)
연금 저축	은행, 증권, 보험	제한 없음 (거주자, 외국인 거주자)	10년 이상	분기 300만 원	납입액 전액 (연 400만 원 한도) 소득공제
생계형 저축	전 금융기관	• 만 60세 이상 • 국가(독립) 유공자 및 유족과 가족 • 장애인 • 기초 생활 보장 월급 수급자	금융기관 및 상품에 따라 상이	3,000만 원	중도 해지 및 만기 후에도 비과세
장기 저축성 보험	은행, 보험, 농협, 수협, 새마을금고 등	–	10년 이상	보험 종류에 따라 상이	한도 없이 비과세
조합 출자금	신협, 농협, 수협 등	조합원, 준조합원, 회원, 준회원, 계원	2015년 12월 말까지 적용	1,000만 원 (잔액 기준)	배당에 비과세 예금자보호법 대상이 아님을 유의
조합 예탁금	신협, 농협, 수협 등	만 20세 이상 조합원, 준조합원, 회원, 준회원, 계원	2015년 12월 말까지 적용	3,000만 원 (잔액 기준)	일반 조합원 등은 농어촌특별세 1.4% 과세 (생계형 저축과 중복 가입 불가)
세금 우대 저축	전 금융기관	만 60세 이상 노인 및 장애인, 만 20세 이상 일반인	1년 이상	3,000만 원 1,000만 원	일반 예금 원천 징수 세율 15.4%인 반면 세금 우대는 9.5%만 원천징수
녹색 펀드, 녹색 예금, 녹색 채권	은행, 증권사	녹색 펀드 · 녹색 예금 • 1인당 3,000만 원 한도 • 배당 소득세 · 이자 소득세 비과세 녹색 채권 • 1인당 3,000만 원 한도 • 이자 소득세 비과세			• 조달 금액의 40% 이상을 녹색 기업이나 산업에 투자하는 금융 상품 • 녹색 예금과 녹색 채권에 대하여 중복 가입 가능

1. 세금 공제 혜택이 있는 금융 상품에 투자하기

정부는 투자나 저축을 장려하기 위해 일부 금융 상품에 세금 공제 혜택을 줍니다. 연금 저축에 가입해서 분기 공제 한도액인 300만 원(2013년 1월 1일 계좌 개설 분부터 연간 1,800만 원으로 한도 변경)을 불입하면 연간 400만 원 한도 내에서 소득 공제를 받을 수 있습니다.

2. 현금 영수증 챙기기

근로자 본인 외에도, 소득이 없는 배우자나 가족이 지출을 하고 그 영수증을 발급받아 두면 연말정산을 할 때 근로 소득 금액에서 공제를 받을 수 있습니다. 국세청 홈페이지에 가입해 휴대전화 번호, 현금 영수증 전용 카드 번호를 등록해 놓으면 연말정산 때 더 간편하게 진행할 수 있습니다.

3. 가족 활용하기

맞벌이 부부라면 둘 중 수입이 더 많은 사람이 소득 공제를 받으면 좋습니다. 즉, 과세 표준이 다를 경우 소득이 높은 쪽이 더 많은 세금을 내면 더 많이 환급받을 수 있습니다. 하지만 소득의 차이가 미미하면 공제 항목을 적절히 나누는 것이 더 좋습니다. 한

쪽에 몰아서 환급받는 것보다 두 사람이 골고루 받는 것이 이익입니다.

연간 소득이 100만 원 이하인 부양가족이 있다면 연말정산 때 1인당 150만 원씩 공제받을 수 있습니다. 부양가족 공제 대상은 상당히 여럿입니다. 자녀와 부모뿐만 아니라 장인, 장모, 외조부모, 외손자녀, 친가 형제자매, 처남, 처제, 시동생 등도 포함됩니다. 생계를 같이한다면 말이죠.

출산 장려 정책의 일환으로, 자녀 수가 많으면 공제 혜택이 점점 커집니다. 자녀가 2명이면 100만 원, 3명이면 300만 원, 4명이면 500만 원씩 추가로 공제됩니다. 신용카드를 가족의 카드로 바꿔 사용하는 것도 좋은 전략입니다. 가족의 지출을 합산해 소득공제를 최대한 많이 받을 수 있기 때문이죠.

가난한 사람은
빛은 나쁜 것이라고
생각한다.

부자는
부채를
활용한다.

가난한 사람의 공부법

"나는 평생 빚을 지지 않고 살아야지. 빚은 나쁜 거야."

빚이 있으면 괴롭습니다. 남에게 말 한마디 빚이 있어도 불편한 게 사람의 심리입니다. 하물며 돈을 빌리고 매달 이자까지 내야 한다면 마음이 편할 리 없겠지요. 그러나 아쉽게도 대부분의 사람들은 부채를 지고 있습니다. 그리고 부채는 가난한 이들에게 더 혹독합니다. 아이러니하지만 빚을 갚을 능력이 높을수록 이자율은 낮고, 그렇지 못할수록 더 높은 이자율을 감당해야 하기 때문입니다.

우리나라의 평균적인 모습을 살펴보면 나의 위치도 가늠해 볼 수 있습니다. 이를 통해 앞으로의 계획을 더욱 나에게 맞게 세울 수 있지요. 한국은행이 2017년 6월 발표한 〈금융 안정 보고서〉를 보면, 우리나라의 가계 부채는 총 1,300조 원을 넘어섰습니다. 가계의 채무 상환 부담도 지속적으로 늘고 있지요. 가구당 평균 부채는 5,800만 원입니다.

원리금 상환 부담이 크고 보유하고 있는 자산을 팔아도 빚을 갚을 능력이 취약한 '고위험 가구'는 30만 가구가 넘는 것으로 나타났습니다. '위험 가구' 역시 적지 않은 수인 126만 가구로 조사됐습니다.

투자를 위한 빚이 아닌 생계를 위한 빚은 피할 수 없을 때가 있습니다. 누구에게나 어려운 시절은 있는 법이니까요. 이때는 어떻게 하면 빚을 상환할 수 있을지에 계획을 마련하는 것이 중요합니다. 왕도는 없지만, 빚을 갚는 방법은 대략 3가지입니다.

첫 번째는 나의 수입을 늘리는 것입니다. 자기 계발을 통해 자신의 가치를 올려 월급을 높이거나 새로운 사업을 추진하는 공격적인 부채 상환 계획이지요. 두 번째는 구조 조정을 통해 비용을 절약하는 방법입니다. 특히 고정비를 줄이는 것이 중요합니다. 통신 요금이나 월세, 경조사비 등을 최대한 줄여 보는 것입니다. 이른바 품위 유지비를 줄이는 것도 당연히 병행되어야 합니다. 그리고 세 번째는 부채가 개인이 감당할 범위를 넘어섰을 때 사용하는 방법으로, 파산을 신청하는 것입니다.

이제 부채를 관리하는 방법에 대해 알아볼까요? 제일 먼저 할 일은 부채를 목록으로 만드는 것입니다. 이렇게 함으로써 우선적으로 상환할 부채가 무엇인지 파악할 수 있지요. 그리고 매달 나가는 이자가 전체 소득의 40%를 넘는지를 살펴봐야 합니다. 40%

이상이라면 문제가 심각한 것입니다. 그보다 아래인 30~40%라면 부채를 줄이는 데 적극적으로 손을 써야 합니다.

　개인의 사정마다 다르겠지만, 일반적으로 부채를 상환해야 하는 순서는 다음과 같습니다.

　　1) 사채

　　2) 현금 서비스

　　3) 카드론

　　4) 신용 대출

　　5) 주택 담보 대출

　매달 빠져나가는 보험료나 적금, 회비 등이 있다면 이를 잠깐 정지시킬 수 있는지 확인하세요. 그리고 이자와 함께 조금이라도 원금을 갚는 게 좋습니다. 연체 이자가 발생하는 대출이 있다면 '특별히' 관리해야 합니다.

　만약 금리가 더 낮은 대출 상품으로 바꿀 수 있다면 적극적으로 실행하세요. 다만 금리 차이가 최소 1% 이상 나야 합니다. 이렇게 부채를 변경하는 데에도 비용이 발생하기 때문이지요. 부채를 갈아타는 것을 리파이낸싱(Refinancing, 차환용 채권 발행)이라고 하는데, 관련 사기도 많으니 주의해야 합니다.

하지만 이런저런 노력을 하더라도 극복할 수 없을 때가 있습니다. 그럴 때는 최후의 수단을 써야 합니다. 개인워크아웃, 개인회생제도, 개인파산 등 신용 회복 제도를 이용하는 것이지요. 유명인들도 이런 신용 회복 제도를 이용한 사례가 많습니다. 부채로 인한 어려움은 누구에게나 닥칠 수 있기 때문입니다.

"부채를 잘 활용하면 오히려 더 빨리 돈을 모을 수 있겠어."

레버리지 효과_{Leverage Effect}를 아시나요? 지렛대 효과라고도 하는데, 이는 금융기관(혹은 타인)으로부터 빌린 돈으로 투자해서 이익을 발생시키는 것을 말합니다.

예를 들어, 10억 원의 자본으로 1억 원의 순이익을 올렸다면 이익률은 10%입니다. 하지만 5억 원은 내 돈으로, 나머지 5억 원은 빌려서 1억 원을 벌게 되면, 나의 이익률은 20%가 되지요. 물론

5억 원을 빌린 대가로 이자를 내야 하니 수익률은 20%에서 조금 낮아지겠지만, 그래도 10%보다 크게 웃도는 수준을 기록하게 됩니다. 쉽게 이야기해, 이자율보다 높은 수익률을 거둘 수 있다면 부채를 활용하는 편이 돈을 훨씬 더 효과적으로 벌어들이는 방법인 것입니다. 부자들도 레버리지를 활용합니다. 잘나가는 기업들 또한 마찬가지이지요.

사실 레버리지 효과를 이용한 투자가 우리에게 그리 멀게만 느껴지는 건 아닙니다. 바로 '부동산'입니다. 우리나라에는 부동산 불패 신화가 있지요. 집을 구입할 때 대부분의 사람들은 은행에서 돈을 빌립니다. 집이라는 담보가 있으니 은행은 안심하고 돈을 내어 주지요. 주택 담보 대출 비율Loan to Value Ratio이 60%라면, 은행은 주택 가격의 60%까지 돈을 빌려줄 수 있습니다.

가장 발달한 금융 상품인 주식에도 쉽게 레버리지 투자를 적용할 수 있습니다. 증권사로부터 돈을 빌려 주식에 투자하는 것을 신용 융자라고 하지요. 증권사에 일정 비율(매수하는 주식 가격의 30%, 40%, 50%)의 보증금을 내고 나머지 소요 자금은 증권사로부터 1~6개월 동안 연 5~10%의 금리로 빌려 주식에 투자할 수 있습니다. 주식 관련 기사에서 신용 잔고(신용 융자 잔고)라는 단어를 접한 적 있나요? 신용 잔고는 신용 거래를 한 투자자가 증권 회사에 갚아야 할 부채를 말하는데, 우리나라의 경우 신용 잔고가 최근 8조 원을 넘어섰습니다.

물론 과도한 차입금은 '부負의 레버리지 효과'가 있으니 주의해야 합니다. 이자 비용이 수익보다 높아지면 급속도로 재무가 나빠집니다. 가령 너도나도 빚을 내서 집을 샀는데 집값이 하락하게 되면 이자를 감당하기 어려워집니다. 그러면 서로 집을 팔기 위해 나서고, 집값의 하락폭은 더 커지게 되지요.

주식 시장도 그렇습니다. 대개 신용 잔고는 단기적인 시세 차익을 노리고 투자된 자금이기 때문에 언제나 매도 기회만을 노리는 매도 세력입니다. 집값과 마찬가지로, 전반적인 주가가 하락세로 바뀐다면 빚을 내어 투자한 사람들은 이를 빨리 처분하고자 할 것입니다.

레버리지 투자를 흔히 '양날의 검'에 비유합니다. 큰 수익을 기대할 수 있지만, 치명적인 손실을 볼 수도 있지요. 그러므로 아무 때에나 사용해선 안 됩니다. 재무적으로 충분한 여유가 있을 때, 그리고 투자에 대한 확신이 있을 때 레버리지 투자는 우리에게 좋은 도구가 되어 줄 것입니다.

제3장

부자의 투자 공부법

성공한 사람이 될 수 있는데 왜 평범한 사람으로 머무르려 하는가.

– 베르톨트 브레히트Bertolt Brecht

POORMAN
VS
RICHMAN

가난한 사람은
투자는 하면서
배우는 것이라고 생각한다.

부자는
IPS를
작성한다.

가난한 사람의 공부법

"지금 돈도 없는데 계획을 세운다고 해서 뭐가 도움 되겠어? 일단 있는 돈으로 ○○회사 주식이나 몽땅 사 보자. 투자는 당구처럼 돈을 잃어 가면서 배우는 거야."

학창 시절 저는 롤플레잉 게임Role-Playing Game을 좋아했습니다. 내 캐릭터로 모험을 즐기며 레벨을 올리는 재미가 쏠쏠했지요. 그런데 저뿐만 아니라 많은 사람들이 게임 방법을 소개하는 튜토리얼tutorial 단계는 대충 넘겨 버립니다. 게임을 하다가 자기 캐릭터가 몇 번 죽고 나면 게임에 익숙해질 수 있기 때문이죠. 몇 차례의 실패를 경험하면서 스테이지를 하나하나 극복해 나가는 게 바로 게임의 묘미이기도 합니다.

그런데 투자는 게임과는 다릅니다. 정석대로 해도 잘 안 되는 것이 투자입니다. 그리고 한 번의 투자 실패는 극복하는 데 오랜 시간이 필요합니다. 주위에서 저에게 투자할 만한 주식 종목을 추천해 달라고 하면, 평소 관심을 두고 있던 기업에 대해 설명해 주곤 합니다.

하지만 그들은 '왜 그 기업을 추천하는지'보다는 '그 기업의 이름'에만 신경 쓴다는 느낌을 지울 수가 없습니다. 저 역시 "이건 내 개인적인 생각이고, 투자하려면 그 회사에 대해 직접 알아봐야 한다"라고 말을 더합니다만, 실제로 그들이 그렇게 더 살펴보는지는 알 길이 없습니다.

물론 투자는 직접 해 보면서 더 확실히 배울 수 있습니다. 다만 투자에 대한 확신이 없다면 '소액'으로만 해야 합니다. 투자의 프로세스를 익히는 정도가 되겠지요.

가상 투자도 좋습니다. 주식, 채권, 부동산, 무엇이 됐건 투자 여부를 검토한 후에 투자를 했다고 가정하고 목록을 만드는 것이죠. 그리고 나서는 1개월, 6개월, 1년 등 투자 기간을 정합니다. 이후 해당 기간이 지났을 때, 당시 목록에 올려 두었던 기업이나 부동산의 가치를 다시 확인해 봅니다. 가상 투자이므로 나의 자산으로 투자 가능한 금액과 지역 내에서라면 어떤 것이든 목록에 올릴 수 있지요.

단, 투자금을 회수할 때 내야 하는 각종 세금을 고려해야 합니다. 또 투자의 성과를 검토할 때는 정말로 자신이 투자를 했다고 가정하고 진지하게 살펴야겠지요. 몇 차례 이런 가상 투자를 해 보면, 투자로 큰 손실을 볼 수 있다는 것과 실제로 수익을 내기가 만만치 않다는 것을 배울 수 있습니다.

재테크를 배울 때는 아마추어 수준을 목표로 하지 않아야 합니다. 재테크 시장에서는 체급에 따라 리그를 나누지 않으니까요.

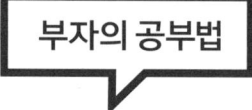

부자의 공부법

"나에게 맞는 투자 지침서를 만들고, 이걸 기준 삼아 투자하자."

증권사, 은행, 자산 운용사 등 투자를 업으로 삼는 금융기관에는 투자 지침서 IPS, Investment Policy Statement 가 있습니다. 일종의 가이드라인입니다. 금융사에서는 고객을 위해 투자 지침서를 만들어 주기도 합니다. 고객의 성향을 분석해 지침서를 만들고, 고객을 대신해 그 기준에 따라 투자를 해 주는 것이지요.

하지만 기관 투자자들보다 열위에 있는 개인들은 대부분 뚜렷한 투자 기준을 갖고 있지 않습니다. 그러면 투자 의사를 결정하는 데에 감정이 개입되고, 비이성적인 행동으로 손해를 보게 됩니다. 그래서 자신만의 투자 지침서를 만드는 것이 꼭 필요합니다.

투자 지침서를 만들 때 고려해야 할 사항으로는 여러 가지가 있지만, 그 가운데 '위험'에 대한 정의가 가장 중요합니다. 위험을 감수할 능력과 의지를 잘 파악해야 실제로 투자를 하는 데 좀 더 명확한 기준을 세울 수 있기 때문입니다.

위험 감수 능력은 투자 기간과 지출 성향에 영향을 받습니다. 투자 기간이 길수록 위험을 감수할 능력은 향상되고, 나의 투자 자금에서 자주 돈을 빼내어 써야 한다면 위험 감수 능력은 줄어들게 됩니다. 그 밖에, 위험을 감수하려는 의지는 다소 주관적인 요소이지요.

위험에 대해 고민했다면, 다음으로는 '수익'과 관련된 기준을 세워야 합니다. 이는 내가 감당할 수 있는 위험 범위 내에서 어느 정도의 수익을 기대할 수 있는지 알아보는 단계입니다. 통상 금융기관에서는 표준편차 등을 이용해 위험과 수익을 수치화합니다. 하지만 초심자는 투자 원금에서 얼마만큼 손해를 봐도 괜찮은지, 월 단위로 어느 정도의 수익이 생기면 좋을지를 이해하기 쉽게 적어 놓기를 추천합니다.

위험과 수익에 대한 목표를 정했다면, 이제 5가지 제약 조건에 대해 정리할 차례입니다. 즉 ① 기간, ② 세금, ③ 유동성, ④ 법 관련, ⑤ 기타 순으로 중요한 점들을 짧게 적어 봅니다.

먼저, ① 기간은 앞으로 남은 투자 기간을 의미합니다. 이는 여러 단계로 나뉘는 경우가 대부분입니다. '지금부터 은퇴 시점까지 30년에 은퇴 후 20년, 총 50년의 투자 기간이 있다' 하는 식으로 표현할 수 있지요. 특히 은퇴 시점은 소득이 단절되는 시점으로, 투자에서 매우 중요합니다. 은퇴 전에는 다소 공격적인 투자도 가능하지만, 은퇴 이후에는 '지키는 투자'로 선회해야 하기 때문입니다.

② 세금은 소득세, 자본 소득세, 재산세 등에 대한 내용을 적어 넣으면 됩니다.

③ 유동성은 내가 투자한 자산을 얼마나 빨리 현금화할 수 있느냐를 나타냅니다. 생활비 수준, 비상금, 전세 비용 혹은 대학 등록금처럼 일시적으로 필요한 목돈 지출, 상속이나 증여 등 일시적인 목돈 수입 등을 이 유동성 제약 조건에 적어 넣으면 됩니다.

④ 법 관련 항목에는 주로 상속이나 증여에 대한 내용이 포함됩니다.

마지막으로, ⑤ 기타에는 자신만의 특별한 상황에 대해 표현하면 됩니다. 이를테면 사회에 해가 되는 기업(담배 회사, 도박 관련 회사)에는 투자하지 않겠다거나, 개인 사업을 하고 있다거나, 거액을 자녀에게 상속하고 싶다 등의 내용이 이에 해당합니다.

이렇게 만든 투자 지침서, 즉 IPS는 우리가 투자를 할 때 기준 역할을 해 줍니다. 그리고 만약 금융기관에 투자를 위탁하기로 한다면 이 IPS를 제출하면 됩니다. 그러면 금융기관에서는 당신에게 최적화된 프로그램을 소개해 줄 수 있습니다.

* 투자 지침서 예시

위험 수준	· 금융 지식은 중간 이상, 위험 감수 의지는 중간 수준 · 투자 기간은 길지만, 아직 투자 자산이 5,000만 원 수준 · 위험 감수 능력은 낮음 · 투자 원금에서 감내할 수 있는 손실은 최대 1,000만 원
수익 목표	· 투자 포트폴리오는 최소한 물가 상승률에 따라 증가할 것 · 은퇴 시 충분한 규모(2억 원)로 증액할 것 · 자녀 대학 등록금을 확보할 것(약 2,000만 원) · 3년 뒤 지출 예상(5~10% 수준의 수익률 추구)
① 기간	· 전체 투자 기간은 60년이며, 약 30년 후 은퇴 · 자녀는 1명으로, 3년 후 대학에 입학할 것으로 예상
② 세금	· 해당 사항 없음
③ 유동성	· 3년 후 자녀의 대학 등록금으로 500만 원 지출 · 은행 대출이 1,000만 원 있으며, 내년 1월 상환 예정
④ 법과 규제	· 해당 사항 없음
⑤ 기타	· 10년 후 부모님으로부터 증여받을 예정 · 현재 직장에 근무하면서 개인 사업을 준비 중 · 사업 자금으로 약 1,000만 원 필요

가난한 사람은
얼마나 벌었는지를
묻는다.

부자는
위험 대비 수익을
고려한다.

가난한 사람의 공부법

"아니, 수익을 50%나 냈다고? 혼자 좋은 데 투자하지 말고 나도 알려 줘. 무조건 투자할게!"

어마어마한 수익을 냈다는 주변 사람의 소식은 참으로 배를 아프게 합니다. 50% 수익이라니, 그렇게 좋은 투자 건을 나에게 알려 주지 않은 것도 안타깝습니다. 그래서 다음번에는 꼭 알려 달라고 당부하고, 기회를 놓치지 않겠다고 다짐하기도 합니다.

그런데 "얼마나 벌었어?" 하고 묻는 것은 100점 만점에 10점짜리 질문입니다. 이 질문으로 얻어 낼 수 있는 것은 딱 하나, '수익률'이기 때문이지요. 어딘가에 투자했을 때 얻은 결과에 대해 정확하게 알기 위해서는 수많은 질문이 필요합니다. 최소한 다음의 사항들은 확인해야 합니다.

1. 수익

수익은 말 그대로 얼마를 벌었는가를 말하는 것입니다. 그러나 더 정확하게는 기간 대비 수익을 알아야 합니다. 흔히 업계에서는 이에 대한 기준으로 내부 수익률IRR, Internal Rate of Return 개념을 사용합니다. 내부 수익률이란 '보유 기간 중 투자량에 의해 산출되는 자본의 연 환산 수익률'으로 정의됩니다. 따라서 IRR이 5%이면 매년 5%의 수익을 기록했다는 뜻이지요. 이 경우에 투자 기간이 3년이라면, 복리로 계산해 총 15.76%의 수익을 거둔 것입니다.

2. 기간

앞서 이야기한 수익을 정확히 계산하기 위해서는 투자 기간에 대한 정보가 꼭 필요합니다. 당연한 말이지만, 동일한 수익을 보다 짧은 기간 내에 기록한 것이 훨씬 더 좋은 투자를 한 것입니다.

3. 위험

이 개념에 대해 오해하는 사람들이 많습니다. 투자에서 위험은 변동성을 말합니다. 즉, '가격이 얼마나 요동을 쳤느냐' 하는 것이지요. 변동성이 클수록 더 위험하다고 할 수 있습니다. 그래서 사람들은 삼성전자가 여느 다른 주식에 대한 투자보다 안전하다고 이야기합니다. 물론 갤럭시노트7의 배터리 불량 사태처럼 특정한 이벤트가 발생하면, 주가는 크게 변동하게 되고 이로써 위험도는 올라갑니다.

4. 부도율

부도율은 앞의 (3) 위험과 함께 고려해야 할 요소입니다. 통상 부도율이 높으면 변동성도 커지기 때문이지요. 다만 부도율은 불확실성보다 더 세부적인 요소입니다. 회사가 문을 닫을 가능성으로, 특히 채권의 가격에 큰 영향을 미칩니다.

5. 투자 포트폴리오

50%의 수익이 난 종목에만 투자했는지, 아니면 다른 투자 건도 있는지가 중요합니다. 만약 다른 투자 건에서 큰 손실이 있다면 그 사람의 투자 수익률이 50%라는 것은 거짓이니까요. 펀드매니저를 평가할 때도 그의 성패를 모두 합산해 봐야 진정한 실력을 알 수 있습니다.

부자의 공부법

"50% 수익률 보장? 그런 수익이면 굳이 왜 남에게 추천하는 거지? 직접 투자하면 더 좋을 텐데. 의심해 볼 필요가 있어."

길거리에서 종종 보게 되는 광고가 있습니다. '오피스텔 투자, 50% 수익률 보장', '콘도 분양, 1억 투자로 매달 500만 원 수익' 등의 광고입니다. 눈치채셨겠지만 터무니없는 광고입니다. 실제 저정도의 수익을 거둘 수 있다면, 굳이 광고를 할 필요가 없습니다. 어떻게 해서든 돈을 구해 본인이 직접 투자해야겠지요. 위험이 없는 상태에서 광고에서 말한 수익을 거둔다면 세계적인 투자 귀재의 반열에 오를 것입니다.

수익률만 따지는 것은 큰 의미가 없습니다. 누가 주식에 투자해 큰돈을 벌었다더라 하는 말 속에는 수익만 있을 뿐, 위험에 대한 이야기는 없습니다. 쉽게 말해 그 수익률의 '질'에 대해 알 수가 없습니다. 원금을 몽땅 날릴 위험을 감수하고 10%를 벌었다면 결코 잘한 투자라고 할 수 없습니다. 원금 손실의 우려 없이 5%를 벌었다면 오히려 잘했다고 칭찬할 일이겠지요.

이렇듯 투자와 재테크의 세계에서는 위험 대비 수익률이 매우 중요한 개념입니다. 이와 관련해 꼭 익혀야 할 단어가 바로 샤프 지수Sharp Ratio입니다. 위험 자산에 투자해서 얻는 초과 수익률을 수치화한 것인데, 이 지수가 클수록 수익률의 변동 폭이 크지 않으면서 높은 수익을 올린다는 의미입니다. 1996년 윌리엄 샤프Willian F. Sharp가 벤치마크Benchmark 수익률과 비교해 뮤추얼 펀드가 얼마나 잘 운용되었는가를 평가하기 위해 도입했습니다.

펀드에 투자할 때 이 샤프 지수는 꽤 유용합니다. 펀드의 샤프 지수는 펀드 수익률에서 무위험 채권인 국공채 수익률을 뺀 값으로 펀드 수익률의 표준편차로 나누어 계산합니다. 간단히 말해 수익률을 위험(변동성)으로 나눈 것입니다. 당연히 이 값이 클수록 좋습니다. 가령 중국에 투자하는 펀드 여러 개를 비교할 때, 이 샤프 지수가 현저히 떨어지는 것은 제일 먼저 제외해도 좋습니다.

투자를 잘한다는 것은 무엇을 의미할까요? '10%의 수익률'이 항상 같은 의미이지는 않습니다. 고도 성장기의 10%와 경제 위기 때의 10%는 완전히 다르지요. 전자는 아쉬운 수익률일 테고, 후자는 어마어마한 성과로 볼 수 있습니다.

대부분의 시험에서 절대 평가보다는 상대 평가가 더 의미 있듯이, 투자에서도 상대 평가가 보다 적절합니다. 그리고 그러한 기준이 되는 것을 투자업계에선 '벤치마크'라고 부릅니다. 가령 코스피 주식에 투자하고 있다면, 코스피 지수가 벤치마크가 됩니다. 만약 코스피 종목 가운데 반도체 관련 주에 집중적으로 투자하고 있다면, 반도체 ETF를 벤치마크로 삼을 수도 있습니다. 투자를 잘한다는 것은 자신의 실적이 이 벤치마크를 웃돈다는 것을 뜻하겠지요.

가난한 사람은
직업과 투자는
무관하다고 생각한다.

부자는
자신의 직업에 따라
투자 방식을 바꾼다.

가난한 사람의 공부법

"재테크가 내 직업과 관련이 있다고? 에이, 설마. 그런 말은 처음 들어 보네."

내 직업에 따라 재테크가 달라져야 한다는 이야기를 들어 본 적 있나요? 이에 대해 깊게 생각해 본 경우는 드물 것입니다. '재테크'라고 할 때 떠오르는 방법이 많지 않기 때문입니다. 은행에 돈을 넣어 두거나 주식에 투자하는 정도가 대개의 사람들이 생각하는 재테크일 테니까요.

한편, 세상에는 얼마나 많은 직업이 존재할까요? 우리나라의 경우 약 1만 5,000개의 직업이 있는 것으로 추산됩니다. '기업의 나라'인 미국에는 3만 개가 넘는 것으로 알려져 있습니다.

이러한 직업마다 돈과 관련된 특성이 다릅니다. 재테크와 직업의 연결 고리는 여기에 있습니다. 직업은 재테크에 필요한 재원과 우리가 살아가는 데 필요한 재화의 원천이지요. 그렇다면 나의 직업은 다른 사람과 비교할 때 어느 정도의 위치에 있을까요?

1. 연봉

통계청에 따르면, 우리나라 봉급생활자의 세전 월급은 평균 329만 원입니다. 연봉으로 환산하면 4,000만 원 정도입니다. 하지만 중위 소득은 이보다 낮습니다. 즉, 임금이 높은 순서대로 늘어놓았을 때 한가운데에 위치한 사람의 월급은 241만 원입니다. 연봉으로는 2,900만 원이지요. 금융업 종사자의 평균 월급은 578만 원으로 전체 업종 가운데 가장 많으며, 숙박·음식점업 종사자의 평균 월급은 173만 원으로 나타났습니다. 또 남성과 여성의 평균 월급은 각각 390만 원과 236만 원으로 조사되었습니다.

2. 근속 연수

2015년 기준, 우리나라 근로자들의 평균 근속 연수는 5.7년입니다. 10년 이상 장기근속 노동자의 비율은 20%를 밑돕니다. 공무원만 따로 놓고 보면 근속 연수는 매우 높습니다. 공무원연금 통계연보에 따르면, 2015년 기준으로 공무원의 근속 연수는 무려 17.3년입니다.

3. 이직

20대 임금 근로자들 중 1년 전과 동일한 직장에 계속 근무하는 사람의 비율은 55.8%입니다. 2명 중 한 사람은 직장을 그만둔 셈으로, 신입 사원으로서 직장을 새로 구하거나 이직을 한다는 이야기이지요.

30~40대 직장인들의 평균 이직 횟수는 약 3회로 추정됩니다. 그리고 이직의 주된 목적은 연봉을 더 올리는 데 있는 것으로 나타납니다.

연봉과 근속 연수, 이직에 관한 통계와 나의 상황이 비교가 되었나요? 물론 직업이 공무원에서 엔지니어로 바뀔 수도 있고, 산업이 급변하면서 연봉 역시 달라질 수 있지요. 그럼에도 재테크는 이처럼 나의 위치를 가늠해 보는 것에서부터 시작되어야 합니다.

부자의 공부법

"공무원이니 투자에서 손실을 좀 보더라도 버틸 능력은 있잖아. 조금 위험하더라도 중·소형주에 투자해 볼까?"

"지금 내가 하는 사업도 충분히 위험해. 그러니 투자는 안전한 곳에 해야겠어. 국고채에 투자해서 물가 상승률을 상쇄할 수 있는 정도면 돼."

수백 수천 가지의 종목 가운데 몇십 개, 혹은 몇 개만 선택해야 하는 주식 투자의 세계에서 사람들은 쉽게 '선택 장애'를 겪습니다. 당신의 뇌는 '최선'의 선택을 하려 노력하지만, 어느새 '테마주'를 사고 있지요.

그래서 기준이 필요합니다. 투자의 세계에서는 여러 가지 기준이 있겠지만, 여기서는 '당신의 직장'도 그러한 기준들 중 하나일 수 있다는 사실을 강조하려 합니다. "직장이 주식 투자에서 기준이 된다고?" 하며 의아해할지 모르지만, 설명을 듣고 보면 그럴 수도 있구나 싶을 것입니다. 우선 다음의 질문에 답해 봅시다.

1) 당신은 사업자인가요, 혹은 봉급을 받는 샐러리맨인가요?
2) 당신의 직장은 안정적인 편인가요?
3) 당신의 직장은 어느 산업 분야에 속하나요?
4) 당신은 얼마나 더 일을 할 것 같은가요?

이 질문에 대한 답이 바로 당신의 기준이 될 것입니다.

만약 당신이 사업자라면, 당신의 인적 자산은 변동성이 꽤 클 것입니다. 변동성을 금융 세계에서는 위험$_{risk}$이라고 하지요. 변동성이 크면, 그만큼 위험도 큽니다. 낮은 이자를 받는 대신 손실 위험이 상대적으로 적은 '채권'보다는, 기대 수익도 높지만 손실 가능성도 많으므로 '주식'의 성격에 가까운 인적 자산을 보유하고 있는 셈입니다. 즉, 당신의 인적 자산은 주식과 비슷합니다.

그렇다면 당신은 주식보다는 채권에 투자하는 쪽을 선택해야 합니다. 위험 자산과 안전 자산을 섞는 포트폴리오를 구성해 '위험 대비 기대 수익'을 높이는 것이지요.

하지만 당신이 샐러리맨, 그것도 소위 '철밥통'이라면, 당신이 가진 인적 자산의 성격은 채권에 가깝습니다. 그렇다면 앞의 경우와 반대로 주식 투자에 조금 더 적극적으로 나서야 할지도 모릅니다. 당신이 인적 자산으로 벌어들일 돈은 한정되어 있고 변동성도 낮기 때문에, 비슷한 조건에서 더 큰 수익률을 달성하기 위해서는 보다 위험한 자산에 투자할 필요가 있는 것입니다.

앞선 질문에서처럼, 또 고려해야 할 사항이 있습니다. 당신의 회사가 어떤 산업에 속하는지를 생각해야 합니다. 가령, 당신이 자동차 회사에 근무한다고 합시다. 그리고 당신은 현대자동차 주식에 대부분의 유동 자산을 한꺼번에 투자했습니다. 이후 시간이 흘러, 중국의 자동차 회사가 경쟁업체로 떠오르고 구글 등의 IT

회사가 적극적으로 완성차 사업에 진출하면서 국내의 자동차 회사들은 매출이 급감하게 되었습니다. 이때 당신은 2가지 위기에 직면합니다. 바로 직장을 잃을 수 있는 위기, 그리고 당신이 투자한 주식이 폭락하는 위기입니다.

다른 경우를 생각해 봅시다. 당신은 항공사에 다니고 있습니다. 그리고 원유 펀드에 투자했지요. 그런데 유가가 급락했습니다. 당신의 회사는 비용이 감소하면서 순이익이 늘지만, 대신 원유 펀드는 다소 하락합니다. 직장과 투자 모두에서 이익을 보지는 못하게 됐지만, 최악의 상황은 피할 수 있습니다.

극단적인 사례들이기는 하지만, 큰 틀에서 볼 때 틀린 이야기는 아닙니다. 물론 이 모든 상황은 적절한 가격에 각종 투자를 단행한다는 것을 어느 정도 전제로 하고 있습니다.

마지막으로, 당신이 일할 날이 얼마나 남았는지도 감안해야 합니다. 아직 젊다면, 당신의 투자 기간은 수십 년으로 상당히 길 것입니다. 기간이 길면, 위험은 떨어지지요. A 주식의 주가가 일주일 사이에 10%가 떨어졌더라도 당신은 주가가 다시 반등할 때까지 기다릴 여유가 있을 것입니다. 하지만 은퇴를 1년 앞둔 중년이라면 이런 기다림이 그리 쉽지 않을 것입니다. 이처럼 우리가 투자를 하기 전에 고려해야 할 점들은 너무도 많습니다.

가난한 사람은
돈이 없어서
투자를 못 한다고 말한다.

부자는
소액으로도
투자 수익을 얻는다.

가난한 사람의 공부법

"당장 쓸 돈도 없는데 재테크는 무슨 재테크야. 그냥 한 푼 두 푼 모으는 게 유일한 방법이야. 괜히 재테크한다고 이것저것 알아보면서 시간 낭비할 거 없어."

부자가 되고 싶다면 행동에 나서야 합니다. 그것도 당장 말이지요. 재테크는 우리 생활의 바로 곁에 있습니다. 각종 청구서 비용의 결제를 신용 카드나 모바일 요금 등과 연계해 적게 내는 것, 더 높은 이율의 적금을 찾는 것, 자기 계발에 투자해 능력을 키우는 것, 주식에 투자해 배당을 받는 것, 채권을 사는 것, 증여를 받는 것 모두 재테크의 범주 안에 들어갑니다.

재테크는 이론도 중요하지만 직접 부딪쳐 봐야 합니다. 처음 연말정산을 해 보면 번거롭습니다. 일일이 영수증을 챙기고 가계부를 쓰는 것도 '이거 꼭 해야 하나?'라는 생각이 들지요. 연말정산을 해서 돌려받는 돈이 내가 들이는 노력에 비하면 보잘것없어 보이기도 합니다. 또 주식에 투자했다가 손실을 보면, 괜히 투자했다는 생각과 함께 '나는 해 봤자 안 돼' 하며 실망하기도 합니다.

그런데 모든 일이 그렇지 않나요? 처음 하는 일은 익숙하지 않아 실수가 잦을 수밖에 없습니다. 이제 첫 경험을 했을 뿐입니다. 매일 반복되는 절약이 습관이 되면 당신은 평생 수천만 원의 돈을 더 모을 수 있습니다. 매년 반복되는 연말정산에 집중하면 매년 수십만 원을 절약할 수 있지요. 꾸준히 주식 공부를 하면 시장의 평균 수익률보다 높은 성과를 거둘 때가 올 것입니다. 재테크에 관한 모든 경험들은 당신에게 피와 살이 됩니다. 설령 그 시작이 훌륭하지 않더라도 말이지요.

일부 젊은 독자들은 '난 아직 20대인데 무슨 노후 준비야?' 하며 가볍게 넘기려 할지도 모르겠습니다. 물론 아직은 너무 먼 이야기처럼 들릴 수도 있지요. 하지만 우리가 살아가는 사회는 자본주의의 메커니즘 아래에 있습니다. 싫든 좋든 우리는 그러한 룰에 따라 살아갑니다. 그리고 그 세계에서 돈은 숫자 이상의 의미가 있습니다. 냉정하게 보면, 단순히 재화를 소비할 수 있게 해 주는 수단일 뿐 아니라 사회적 지위도 대변하는 역할을 하지요. 그래서 돈을 다루는 기술은 누구에게나 중요하며 상당한 의미가 있습니다. "나에겐 해당 사항이 없어"라고 말할 수 있는 사람은 극히 드물 것입니다.

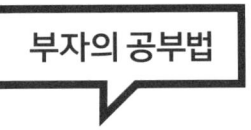
부자의 공부법

"위험을 더 감수하더라도 수익률을 높일 방법이 없을까? 소액으로도 가능한 투자법이 있을 거야."

IT와 금융은 가장 빠르게 변화하는 산업입니다. 그리고 이 둘이 결합해 우리 생활에 큰 변화를 주기도 하지요. 그 가운데 하나가 바로 P2P 금융입니다.

P2P 금융은 개인과 개인 간의 Peer-to-Peer 금융을 의미합니다. 쉽게 말하면 은행과 같은 금융기관을 통해 돈을 빌리고 투자를 하는 것이 아니라, 개인과 개인이 직접 거래를 하는 것이지요. 중간 유통 단계를 생략함으로써 피투자자는 더 낮은 비용으로 자금을 조달할 수 있고, 투자자는 더 높은 수익을 기대할 수 있습니다.

이러한 P2P 금융 플랫폼을 통해 투자를 시도할 수 있습니다. 수익의 근간이 되는 기초 자산은 신용 채권, 부동산, 건축 자금, 소상공인 사업 자금 등 다양합니다. 최근 이 플랫폼들은 개별 투자 건 여러 개를 묶어 포트폴리오 상품을 내놓고 있습니다. 이 같은 포트폴리오 방식은 투자자가 여러 자산에 동시에 분산 투자 하는

부자의 돈 공부
빈자의 돈 공부

효과를 끌어낼 수 있지요. 결과적으로 단일 건에 투자했을 때보다 위험을 낮추게 됩니다. 포트폴리오 중 1건에 문제가 생겨도 나머지 투자 건이 그 손실을 보상해 주는 구조이지요.

P2P 금융 투자는 보통 온라인을 통해 이용할 수 있으며, 최소 1만 원부터 투자가 가능합니다. 기대 수익률은 저마다 다릅니다. 다양한 피투자자가 투자받기를 원하기 때문입니다. 그래도 평균 10%를 약간 웃도는 수익률을 내고 있으니, 저금리 기조가 장기화되는 가운데 무시할 수 없는 수준입니다.

물론 단점도 존재합니다. 우리나라에서는 시작된 지가 얼마 되지 않아 관련 법과 제도가 꼼꼼하지 않습니다. 즉, 분쟁이 발생하면 해결이 매끄럽지 못할 수 있다는 이야기입니다. 그리고 P2P 플랫폼은 피투자자의 부실을 책임지지 않습니다. 플랫폼의 역할은 대출자 심사와 중개, 그리고 상환 이행 관리까지입니다.

관련 업계는 P2P 금융 플랫폼이 급증하면서 일부 부도덕한 플레이어들도 있는 것으로 보고 있습니다. 또 투자 기간이 긴 경우도 상당수여서 투자금 회수에 시간이 오래 걸리며, 중도 해지가 어렵습니다.

그렇다면 수많은 P2P 금융 플랫폼 업체 가운데 어떤 곳을 선택해야 할까요? 제일 먼저, 합법적인 업체인지를 확인해야 합니다.

합법적인 P2P 금융 플랫폼은 통신판매 신고 번호와 대부 등록 번호를 보유하고 있습니다. 한국P2P금융협회에 회원사로 가입되어 있는지도 점검해 보세요. 그리고 '원금 보장' 혹은 '고수익 보장'과 같은 문구를 이용해 회사를 홍보하고 있다면, 조심할 필요가 있습니다.

지난 2016년 11월 정부는 'P2P 대출 가이드라인'을 발표했습니다. 주요 내용은 이렇습니다. 일반 개인 투자자의 경우, 업체별 동일 차입자에 대해 500만 원, 누적 금액은 1,000만 원으로 제한되어 있습니다. 다만 금융 소득(이자 소득 + 배당 소득)이 2,000만 원을 초과하거나 사업 소득이 1억 원이 넘으면 투자 한도는 4,000만 원까지 늘어납니다. 근로 소득이 1억 원을 초과해도 투자 한도는 4,000만 원까지 늘어납니다. 전문 혹은 법인 투자자의 투자 한도는 없습니다.

이렇게 투자 한도를 제한한 것은 소비자를 보호하려는 목적이 강합니다. 하지만 P2P 금융 플랫폼 업체들은 한도가 너무 낮다고 지적하고 있지요. 이에 대한 논의는 계속 진행될 것으로 보입니다.

- 펀다FUNDA

  상점 전문 P2P 금융 플랫폼입니다. 상점의 매출 데이터를 분석해 수익
  성과 위험도를 측정하고, 그에 맞는 수익률을 책정합니다.

- 피플펀드People Fund

  개인 채권과 담보 채권에 투자하는 상품을 제시합니다. 전북은행과 협
  업하고 있습니다. 개인 채권의 위험도에 따라 이자율은 상이합니다.

- 펀디드Funded

  KB금융지주와 협업하고 있습니다. 이 P2P 플랫폼은 직장인, 개인 사
  업자에게 신용 대출을 제공합니다. 부동산 및 오토 담보 대출, 우량한
  법인과 기업의 사업 운영에 필요한 자금도 제공하고 있습니다. 이와 관
  련해 투자자들이 투자를 합니다.

가난한 사람은
주식 투자를
도박이라고 생각한다.

부자는
주식 투자를
재테크의 필수 도구로 여긴다.

가난한 사람의 공부법

"주식 투자는 도박이야."

도박에는 유구한 역사가 있습니다. 기원전 1,600년에 이집트에는 타우Tau와 세나트Senat라는 도박이 존재했습니다. 성경에도 제비뽑기를 했다는 기록이 있으며, 아메리카 대륙의 원시 벽화에도 사람들이 도박을 하는 모습이 그려져 있습니다. 도박은 그 종류도 엄청납니다. 주사위를 쓰는 것, 패를 쓰는 것, 기계를 쓰는 것, 추첨을 하는 것 등으로 크게 나눌 수 있지요. 최근에는 온라인으로 할 수 있는 도박도 많이 생겨났습니다.

이러한 도박에는 공통된 몇 가지 특성이 있습니다. ① 우연성이 크다는 것, ② 제로섬zero-sum 게임이라는 것, 그리고 ③ 중독성이 있다는 것입니다. 사람들은 도박을 할 때 자신의 운이 좋기를 바랍니다. 하지만 아무리 운이 좋아도 도박에 참여한 사람들이 지불한 총액보다 더 많은 돈을 얻을 수는 없지요. 또한 언젠가 일확천금을 할 수 있다는 기대감과 잘 짜인 경쟁 구도 속에 발을 담그면 빠져나오기가 힘듭니다.

"주식 투자는 도박이다"라는 말이 완전히 틀린 것은 아닙니다. 단타 매매와 테마주 투자는 도박과 유사한 점이 분명 있습니다. 우선, 이 2가지 투자 방법들은 단기간 내에 이뤄집니다. 기업이 성장해 가치를 실제로 높이는 데 시간이 충분하지 않기 때문에 도박의 '제로섬'이라는 특징을 공유하게 됩니다. 운도 중요합니다. 두 방법 모두 단기간의 주가 상승을 기대하는데, 운 나쁘게 '막차'를 타면 큰 손실을 보게 되지요. 그러나 아주 높은 수익률을 낼 수도 있다는 기대감 때문에, 한번 빠져든 사람들은 계속해서 대박을 노리게 됩니다.

단타 매매는 매우 짧은 기간 내 사고팔기를 거듭하여 수익률을 내고자 합니다. 그런데 이렇게 사고팔 때마다 우리는 수수료를 내야 합니다. 1억 원으로 시작해 매일 전부 '사자'와 '팔자'를 반복하게 되면 1년 후에 그 1억 원은 반 토막이 납니다. 매매 수수료 때문이지요.

즉, 단타 매매로 수익을 내기 위해선 이 수수료에 해당하는 금액을 훨씬 웃도는 수익률을 기록해야 하는 것입니다. 더불어 온종일 컴퓨터 앞에 앉아 있거나 스마트폰을 들여다보고 있어야 합니다. 만약 당신에게 다른 본업이 있다면 그 일에 대한 기회비용도 감당해야 합니다.

테마주 투자도 비슷합니다. 급등락을 반복하기에, 단타 매매만큼은 아니더라도 자꾸 사고팔아야 하지요. 또 하루 종일 그 주식에 신경을 써야 하는 것은 단타 매매와 마찬가지입니다.

일부 투기꾼을 제외하면, 이런 도박성 주식 투자는 일반 투자자들에게 절대 추천하지 않는 방식입니다. 만약 당신에게 누군가가 이런 투자 방식을 권유한다면, 그 저의를 의심해 볼 만합니다. 투자의 정석은 우리가 투자한 대상의 가치가 실제로 높아지기를 기대하는 것입니다. 실제로 그 가치가 높아지기 위해서는 시간이 필요하겠지요.

"수익률을 높이고 싶다면 주식 투자는 피할 수 없어. 반드시 공부해야 해."

주식이 무엇인지 근본적으로 살펴볼게요. 기업의 시작은 한 개인의 도전입니다. 대개 작은 가게부터 시작하지요. 장사가 잘되기 시작하면 가게를 확장할 필요성이 생깁니다. 그런데 여기에 투자할 돈이 부족합니다. 가게의 사장은 가게에 대한 권리 절반을 다른 사람에게 내어 주면서 돈을 받아 옵니다.

그렇게 가게는 한 단계 도약하게 됩니다. 대신 주인과 투자자는 기업에 대한 권리를 절반씩 가지게 되는 것입니다. 기업의 주식이 2주가 되고 각각 한 주씩 보유한 셈입니다. 가게는 계속 성장하고 대기업이 됩니다. 그 과정에서 다양한 사람들이 기업에 투자합니다. 그리고 기업을 상장하면서 누구나 그 기업의 일부를 사거나 팔 수 있도록 하지요.

기업을 상장하는 이유는 초기 투자자들부터 중간에 투자한 사람들까지 모두가 투자 자금을 회수해 갈 수 있는 통로를 만들어 줌과 동시에, 새로운 투자자가 그 기업의 일부를 손쉽게 살 수 있도록 해 주기 위해서입니다. 따라서 주식에 투자한다는 것은 기업의 주인이 된다는 것과 같은 이야기입니다.

자유 경제가 성장하기 위해서는 기업의 역할이 매우 중요합니다. 기업은 우리 경제에서 얼마나 중요할까요? 코스피에 상장된 기업들의 시가총액을 모두 합하면 1,500조 원이 넘습니다. 여기에 비상장 기업까지 합치면 어마어마한 규모이지요. 우리나라 정부의 1년 예산이 400억 원 안팎이니 기업의 역할은 그 어느 주체보다 큽니다.

코스피 지수가 무엇을 의미하는지 아시나요? 코스피의 기준 시점은 1980년 1월 4일입니다. 이날의 주가 지수가 100인 것이지요. 최근 주가는 2,000~2,400인데, 이는 코스피가 그동안 20배 넘게 성장을 했다는 의미입니다.

삼성전자의 주가는 2000년 당시 25만 원 수준이었습니다. 현재 주가는 240만 원으로 10배 가까이 상승했습니다. 또 2000년에 10만 원 수준이던 포스코의 주가는 2007년 76만 5,000원(고점)을 찍고 최근 28만 원대를 기록하고 있지요. 물론 배당, 유상 증자와 같은 이벤트를 고려해야 더 정확한 변화를 알 수 있습니다만 이는 기업이 극적으로 성공할 수도, 아닐 수도 있다는 것을 보여 주는 사례입니다.

그럼에도 불구하고 주식은 대표적인 투자 대상으로 많은 사람들에게 수익을 주고 있습니다. 경제가 계속 성장해 왔기 때문이지요. 한국투자증권에 따르면 2009년부터 2017년 4월까지 주식, 채권, 예금, 부동산 등 자산군의 연평균 수익률을 비교한 결과, 주식의 수익률이 8.8%로 가장 높았습니다. 3.7%를 기록한 부동산보다 높은 수익률을 거두었다는 사실은 참고할 만합니다.

와튼스쿨의 제러미 시겔Jeremy J. Siegel 교수는 주식이 장기적으로 가장 수익률이 좋은 자산이라고 주장합니다. 미국에서도 주식은 장기적으로 볼 때 가장 좋은 투자 대상인 것으로 나타나고 있습니다. 2008년 금융 위기 등을 고려했을 때도 말이지요.

우리나라 대부분의 가계에서 자산 중 부동산이 차지하는 비중은 다른 나라에 비해 컸습니다. 2008년 말을 기준으로 가계 자산의 70%가 비금융 자산이었지요. 반면에 금융 자산의 비중은 작았습니다.

하지만 이 비중이 점차 상승하고 있습니다. 그런데 살펴보면 주식, 채권, 간접 투자 등의 금융 투자 상품보다는 현금, 예금, 보험, 연금 등의 안전 자산 위주로 증가하고 있습니다. 노후에 대한 불안감이 이런 추세를 낳았다는 시각이 있지요. 여기에 더해 주식과 같은 금융 상품을 장기적으로 보유하는 것에 대한 부정적 감정도 있는 것으로 보입니다.

그러나 주식을 공부하는 것은 기업을 공부하는 것과 같습니다. 그리고 기업을 공부하는 것은 우리 사회에서 가장 중요한 분야에 대해 알아 간다는 것과 동일한 말이기도 합니다. 따라서 당장 주식 투자를 하지는 않는다 하더라도, 주식을 공부는 우리가 살아가는 데에 어떤 식으로든 도움이 될 것입니다.

가난한 사람은
하나의 주식에
올인한다.

부자는
ETF를 활용해
위험을 분산한다.

가난한 사람의 공부법

"돈도 없는데 주식을 이것저것 사서는 수익을 낼 수가 없어. 한 군데에 올인하자."

하나의 주식에 모든 돈을 투자하는 사람들이 적지 않습니다. 물론 처음부터 이들이 이렇게 '올인all in'하지는 않습니다. 하나의 주식을 샀는데 그 주식의 가격이 크게 떨어지면, 대개 이른바 물타기 투자를 하게 됩니다. 하지만 그럼에도 불구하고 다시 주가가 크게 하락하면 투자자는 모든 것을 거는 심정으로 다른 주식을 다 팔고 한 주식에만 매달리게 되지요.

여기는 2가지 심리가 작용합니다. 손해를 본 주식을 팔아 손실을 현실화하고 싶지 않은 심리, 그리고 나머지 주식 하나는 조만간 다시 오르리라는 기대 심리입니다.

그런데 이는 모두 감정적인 짐작일 뿐이지요. 개미 투자자들이 모여 있는 온라인 게시판에 들어가 보면 이른바 '강성 주주'라는 말이 있습니다. 어떤 회사의 악재와 주가 하락에도 흔들리지 않고 주식을 매도하지 않는 투자자를 가리키는 표현입니다. 이 단어에는 부정적인 의미와 긍정적인 의미가 함께 담겨 있습니다. 즉, 해당 회사의 가치를 믿고 기다리는 장기 투자자인 동시에 그 회사에 감정적으로 집착하는 비이성적인 투자자라는 뜻으로 사용됩니다.

하나의 주식에 올인하는 것은 왜 위험할까요? 누군가는 잘되는 주식에 투자해 목돈을 버는 것이 효율적이지 않으냐며 반문하기도 합니다. 하지만 주식이든 부동산이든 한 자산에 대부분의 돈이 묶이는 것은 좋지 않습니다.

1981년 예일대학교의 제임스 토빈James Tobin 교수는 '포트폴리오 이론'에 기여한 공로로 노벨 경제학상을 수상했습니다. 수상 직후 기자 회견에서 기자들이 이 이론을 쉽게 설명해 달라고 하자 그는 이렇게 말했습니다.

"여러분, 달걀을 몽땅 한 바구니에 담아서는 안 됩니다. 만일 바구니를 떨어뜨리면 모든 것이 끝장납니다."

포트폴리오 이론은 현대 금융 세계에서는 정석이 되었습니다. 투자의 귀재인 워런 버핏도 분산 투자를 합니다. 모든 투자를 심사숙고를 거쳐 결정하지만, 시장은 우리의 예상과 다른 방향으로 갈 때가 많기 때문이지요. 재테크의 세계에서 100% 확실한 것은 아무것도 없습니다.

그런데 분산 투자는 단순히 여러 개의 주식을 매수하라는 뜻이 결코 아닙니다. 그보다 더 깊은 의미가 있습니다. 우선 '지역'과 '산업'에 분산 투자를 해야 합니다. 우리나라에만 투자하는 것보다는 미국이나 일본, 유럽 등에도 투자해야 한다는 것이지요. 그리고 '시간'에도 분산 투자를 할 수 있습니다. 만기 시점이 다양한 투자 상품들을 활용하거나, 매년 일정 금액을 나누어 투자하는 것입니다.

뿐만 아니라 분산 투자는 '위험'에도 적용해 볼 수 있습니다. 모든 돈을 예금 혹은 주식에만 올인하는 것이 아니라 20%는 예금, 30%는 주식, 20%는 연금, 그리고 나머지는 부동산에 나누어 넣어 두는 식입니다.

물론 보다 다양한 분야에 분산 투자를 하기 위해서는 상당한 수준의 지식이 필요합니다. 무턱대고 분산해서는 절반의 성공만 거둘 수 있기 때문이지요. 경기의 흐름에 따라 각 자산에 투자하는 자금의 비중도 조절해야 할뿐더러 사고파는 시기를 정하는 등, 세세한 부분과 관련해 오랜 시간 공부가 필요합니다. 따라서 자동으로 분산 투자를 하는 펀드에 투자하거나 전문 자산 운용사와 상담하는 것도 좋은 방법이 될 수 있습니다.

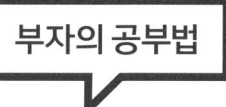
부자의 공부법

"ETF를 활용하자. 그러면 소액이라 해도 분산 투자 효과를 얻을 수 있어."

ETF Exchange Traded Fund 는 가장 성공적인 금융 혁신이라고 불리는 금융 상품입니다. ETF는 특정 지수와 유사한 수익률을 얻도록 설계된 펀드입니다. 상장지수펀드라고도 불리지요.

가령 코스피200을 추종하는 ETF는 코스피200의 지수가 오를 때는 그와 유사한 수준으로 오르고, 내릴 때도 그와 유사한 수준으로 하락합니다. 우리는 이 ETF에 투자함으로써 코스피200의 종목 대부분에 분산 투자를 한 효과를 누릴 수 있는 것이지요.

ETF는 장점이 많습니다. 우선 거래 비용이 저렴하고, 분산 투자 효과를 얻을 수 있습니다. ETF는 주식처럼 증권 시장에 상장되어 거래되므로 일반 펀드보다 수수료가 저렴합니다. 증권 거래세도 면제됩니다. 섹터별, 테마별로 투자할 때 분산 투자 효과를 거둘 수도 있습니다.

또 하나의 장점은 다양한 지수에 투자할 수 있다는 사실입니다.

시장 대표 지수인 ETF를 통해 코스닥이나 코스피 지수에 투자할 수 있습니다. 환율 ETF도 있지요. 주로 원화와 달러 간 환율 변동에 투자하는 상품이 있습니다. 레버리지 ETF는 지수가 하락하는 데에 투자하는 상품으로 지수가 하락하면 ETF는 반대로 오르게 됩니다. 삼성그룹 ETF, 현대차그룹 ETF 등 특정 그룹에 투자할 수도 있습니다. 자동차, 에너지·화학, 반도체 등 산업군에 투자하는 것도 가능합니다. 농산물, 구리, 금, 원유, 콩, 금속 등 원자재에 투자하는 ETF도 있지요.

ETF는 소액 투자자에게 매우 유용한 도구입니다. 바로 분산 투자 효과 때문입니다. 부자는 여러 기업들의 주식에 상당한 자금을 투자할 수 있습니다. 하지만 소액 투자자는 몇 개의 주식에 투자하고 나면 여력이 없지요. 분산 투자에서 부자와 소액 투자자는 서로 다른 출발점에서 시작하게 됩니다. 이 차이는 결코 작지 않습니다.

예를 들어 보겠습니다. 김 사장은 5,000만 원을 투자하기로 하고 A, B, C, D, E 등 5개 기업의 주식에 투자했습니다. 반면 박 대리는 자신의 전 재산인 1,000만 원을 A 주식에 모두 투자했습니다. 1개월이 지나자 A의 주식이 10% 올랐습니다. 사업에 호재가 생기면서 급등하게 되었지요. 자신의 투자 결정에 만족한 박 대리는 조금 더 오르길 기다립니다.

그런데 그다음 달에 A 주식은 15% 하락합니다. 지난달의 호재가 생각만큼 수익에 도움이 되지 않는다는 기사가 난 것입니다. A는 손해를 보고 팔 수는 없어서 더 기다리기로 합니다. 그러다가 본전이 되자 박 대리는 냉큼 주식을 다 팔아 버립니다.

한편, 김 사장의 경우 A가 10% 오른 달에 그가 샀던 다른 주식들은 그리 많이 오르지 않았습니다. 평균 3%의 수익률을 보였지요. 다음 달에 A 주식이 15% 하락했지만 C, D의 주식이 오르면서 수익률은 오히려 평균 4%를 기록합니다. 그는 자신의 투자 포트폴리오를 유지한 채 더 기다리기로 합니다. 1년이 지나자 평균 7%의 수익을 거둘 수 있었습니다.

이처럼 분산 투자는 위험을 낮춥니다. 금융업계에서 위험이란 변동성을 이야기합니다. 즉, 수익률이 어느 날은 매우 높고, 또 어느 날은 마이너스라면 이는 '위험'을 의미합니다. 반면, 일정한 수익이 지속적으로 난다면 '위험이 낮다'라고 말하지요.

박 대리는 김 사장보다 보유한 투자 자금은 적지만, ETF를 활용하면 김 사장보다 더 넓은 범위에서 분산 투자 효과를 누릴 수 있습니다. 또한 하나가 아닌 여러 개의 ETF에 투자하면 이 효과는 더 커집니다.

가난한 사람은
로또를
구입한다.

부자는
ELS에
투자한다.

가난한 사람의 공부법

"내가 로또에 당첨되기만 하면……!"

로또 구입만큼 '지는 게임'에 돈을 버리는 일도 없습니다. 당첨 확률을 보면 로또는 절대로 구매자의 편이 아니기 때문이지요. '매주 꾸준히 사다 보면 행운의 여신이 웃어 줄 거야'라고 스스로를 위로해도, '나를 위한 선물이야'라고 합리화를 해도 로또를 구입하는 것만큼 경제적으로 비합리적인 행위는 세상에 그리 많지 않습니다.

그래서 저는 로또를 구입하지 말라고 조언합니다. 그러면 혹자는 "재미를 위해서 산다"라고 하는데, 정말로 그런지 스스로에게 반문해 봐야 합니다. 당첨 번호를 확인하는 그 짧은 순간을 위해 몇천 원을 버리는 것, 과연 적절한 행위일까요?

로또는 그 어떤 투자와도 다릅니다. 누군가가 주식과 로또가 뭐가 다르냐고 묻는다면, 저는 "모든 것이 다르다" 하고 답하고 싶을 정도입니다.

로또를 구입했을 때 얻을 수 있는 잠재적 수익, 즉 기댓값은 당첨자에게 주어지는 당첨금을 판매된 로또의 수로 나누어 구합니다. 그리고 1,000원짜리 로또의 기댓값은 500원입니다. 로또를 하나 살 때마다 500원씩 손해를 보는 것입니다. 손해 보는 500원은 복권 기금과 판매비로 쓰입니다. 그런데도 로또라는 장사가 가능한 이유 중 하나는 가능성 효과 때문입니다. 당첨 확률이 아예 0%는 아니니까요.

분기마다 1조 원이 넘게 판매되는 로또는 그중 5,000억 원 정도가 당첨금으로 지급됩니다. 나머지 5,000억 원은 로또 구매자들의 몫이 아니지요. 그래서 복권을 '빈자들의 고통 없는 세금'이라고 부르기도 합니다.

한편, 이런 가능성 효과 때문에 태어난 기이한 사업이 있습니다. 바로 '로또 번호 추천 서비스'이지요. 로또 당첨 번호의 경향을 추적해 당첨 가능성이 큰 번호를 추천한다는 이 서비스는 그야말로 '봉이 김선달'식 비즈니스입니다. 무작위로 나오는 숫자를 예견한다는 아이디어는 도대체 어디에 근거를 두고 있는 것일까요?

그럼에도 불구하고 많은 사람들이 이 서비스를 이용하고 있습니다. 2017년 현시점 기준으로 로또 예측 프로그램 개발자 5명이 불구속 입건되었는데, 이들은 로또 번호 예측 사이트 4개를 운영하며 가입비로 총 17억 원을 챙겼다고 합니다. 경찰이 단속한

14개 사이트 중 1등 당첨자가 나온 곳은 단 한 곳도 없었습니다.

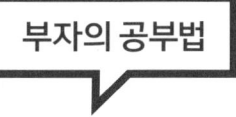

부자의 공부법

"ELS로 적극적인 투자를 해 보자. 돈을 잃을 가능성도 있지만, 방향만 잘 예측하면 좋은 수익도 기대할 수 있겠어."

ELS(Equity-Linked Securities, 주가연계증권)는 개별 주식의 가격이나 주가 지수에 연계되어 투자 수익이 결정됩니다. 투자금은 상당 부분이 우량 채권에 투자되고 일부는 주가 지수 옵션 등 금융 파생 상품에 투자됩니다. 즉, 우량 채권에 투자된 부분은 원금이 큰 손실이 나지 않도록 방어하는 역할을 맡고, 파생 상품은 경우에 따라 높은 수익을 거둘 수 있도록 해 줍니다.

대개 ELS는 투자금의 약 95%를 채권에 투자해 이자를 얻습니다. 그리고 나머지 5%의 금액이 옵션에 투자됩니다. 원금 손실 위험도에 따라 크게 원금 보장형 ELS, 원금 부분 보장형 ELS, 원금 조건부 보장형 ELS 등 3가지로 나뉘지요.

ELS에는 다양한 상품이 있지만, 일반적인 구조 하나를 소개하겠습니다. 어려워 보이더라도 한번 이해하고 나면 조금 더 가깝게 느껴질 것입니다.

진입 시점으로부터 6개월 후, 기초 자산의 가격이 최초 기준 가격의 95% 이상이면 조기 상환이 이루어집니다. 조기 상환 조건이 충족되지 못하면 다시 6개월 후 주가를 최초 기준가와 비교합니다. 이처럼 6개월마다 조기 상환 기회가 발생하는데, 일반적으로 최초 기준 가격의 95%(6개월 혹은 1년), 90%(1년 6개월, 2년), 85%(2년 6개월, 3년) 단위로 설정됩니다. 대부분의 ELS는 기초 자산의 주가가 정해진 바닥선(55~60% 수준) 아래로 한 번이라도 떨어지면 40% 이상의 손실이 발생합니다.

ELS는 게임과 비슷합니다. 룰을 정해 놓고 주가 지수나 개별 주가의 변동성을 가지고 베팅을 거는 것과 마찬가지이지요. 그래서 내가 이기면 정해진 수익을 얻고, 지면 손실을 보는 구조입니다.

ELS는 언제 투자하는 것이 적절할까요? 주가 지수 혹은 개별 주식의 가격이 지나치게 하락했을 때 ELS 투자가 늘어납니다. 투자자들은 가격이 하락할 가능성이 상대적으로 낮아졌다고 판단하기 때문이지요. 언뜻 보면 투자자가 유리해 보일지 모릅니다. 주가 지수가 1800까지 하락했다면 '설마 더 떨어지겠어?'라는 심리가 작용합니다. 바닥을 다지고 있는 개별 주식에 대해서도 '더 떨어지면 너무 과도한 거야'라고 생각하기 쉽습니다.

그러나 실제로는 그렇게 간단하지 않습니다. ELS에 투자하기에 앞서 주가 지수나 기업 주가의 과거 변동률 추이를 확인하는 작업을 반드시 거쳐야 합니다. 그래야만 내가 투자하는 ELS가 얼마나 위험한지 감을 잡을 수 있습니다. 그리고 나서 시장 상황, 개별 기업의 이슈 등을 알아보고 투자 여부를 결정해야 합니다.

한 증권사의 임원은 주기적으로 ELS 투자를 한다고 합니다. 물론 분석 과정을 거치지요. 그때마다 저평가되었다고 생각하는 종목 혹은 지수가 담긴 ELS를 소액 투자해 꾸준한 수익을 얻고 있습니다. 만기는 짧게, 조기 상환이 가능해 보이는 ELS에 초점을 두는 것이 그의 전략입니다.

가난한 사람은
안전을
최고로 여긴다.

부자는
적금보다 채권에
투자한다.

가난한 사람의 공부법

"원금 손실 위험이 있다고? 그럼 안 되지. 시중 은행에 맡기는 게 가장 좋은 재테크야."

대부분의 사람들은 안전을 갈망합니다. 안전한 직장, 안전한 자동차, 안전한 집처럼 안전은 가치를 만들어 내지요. 그래서 우리는 안전에 돈을 씁니다. 더 안전한 동네로 이사를 하기도 하고, 더 안전한 차를 사기 위해 적금도 듭니다. 공무원처럼 안전한 직장을 차지하기 위해 수백 대 일의 경쟁률도 감수하지요.

재테크에서도 안전은 중요한 이슈일 수밖에 없습니다. 그런데 '안전한 재테크'는 조금은 이상한 말이 되어 버리고 맙니다. 재테크란 위험을 감수하는 행동이기 때문이지요. 그리고 재테크에는 경쟁이 있습니다. 안전하게 돈을 벌 기회가 있다면, 사람들은 그 냄새를 맡고 몰려듭니다. 그렇게 사람들이 몰려들면 그것은 더 이상 기회라고 부를 수 없게 됩니다. 따라서 안전한 재테크란 존재하지 않습니다. 그저 안전하게 돈을 보관할 수 있을 뿐입니다.

그런데도 우리는 안전을 쉽게 포기하지 못합니다. 당신만의 문제가 아닙니다. 이는 우리 인간의 아주 깊은 곳에 자리 잡은 본성이기 때문이지요.

진화심리학자 아브라함 마슬로우Abraham Maslow는 인간의 동기가 작용하는 양상을 설명하기 위해 동기를 총 5단계로 구분했습니다. 욕구의 피라미드라는 것이 존재하는데, 하위의 욕구가 충족되어야만 상위의 욕구가 나타난다고 본 것이지요. 제일 밑 단계는 생리적 욕구입니다. 먹고 자는 등 생존에 관련된 욕구이지요. 그 바로 위 단계가 바로 안전에 대한 욕구입니다. 우리 인간은 두려움이나 혼란스러움이 아닌 평상심과 질서를 유지하고자 합니다. 경제 위기나 실업 등으로 경제적 안전이 보장되지 못하면 불안해지지요. 참고로, 이 안전 욕구의 상위에는 소속·애정에 대한 욕구, 자기 존중에 대한 욕구, 그리고 자아실현의 욕구가 차례로 자리 잡고 있습니다.

한편, 또 다른 욕구 피라미드를 보면 우리나라에서 왜 미혼율이 증가하는지를 알 수 있습니다. 진화심리학자 더글러스 켄릭Douglas Kenrick은 인간의 욕구를 마슬로우와는 다른 시각에서 보았습니다. 그의 주장에 따르면 생리적 욕구와 자기 방어 욕구(안전 욕구)는 가장 아래에 있고, 그 위로 소속과 지위 욕구, 배우자 획득 욕구, 배우자 유지 욕구, 양육 욕구가 각각 자리 잡고 있습니다.

비정규직이 늘고 공동체가 해체되면서 소속감이 줄고 지위가 불안정해지면, 결혼의 욕구를 덜 느낄 수밖에 없다는 것이죠.

어찌 됐건, 안전에 대한 욕구는 재테크에도 해당되어 우리를 망설이게 하는 원인으로 작용합니다. 하지만 그 때문에 재테크를 적극적으로 하지 않는다면 우리의 부는, 그리고 경제적 자유는 더 얻기 어려워집니다. 쉽지 않은 일이지만, 불안감을 감내하면서 재테크에 나설 수밖에 없는 환경이지요. 물론 투표 등의 정치적 참여를 통해, 사회에 좀 더 단단하고 촘촘한 사회적 안전망이 마련되도록 노력도 해야 할 것입니다.

부자의 공부법

"요새 금리가 너무 낮아. 안전한 채권에 투자하면 적금보다 높은 수익을 거둘 수 있을 거야."

채권에 투자하는 사람들은 많지 않습니다. 익숙하지 않아서이지요. 채권에 투자한다고 하면 왠지 전문가처럼 느껴지기도 합니다. 사실 채권이 무엇인지조차 잘 모르는 이들도 많습니다. 주식 만큼이나 역사가 길지만 주식에 비하면 잘 알려지지 않았지요. 그런데 이 채권이야말로 대표적인 투자 대상입니다.

일반 기업, 정부, 공공 단체 등이 발행하는 채권은 차용 증서의 하나로 유가 증권입니다. 채권은 대부분 상환 기간이 정해져 있고, 이자도 확정되어 있습니다. 기간마다 일정한 이자가 지급된다는 점에서 금융권에서는 채권을 고정 수익 증권fixed-income securities이라고 합니다.

정부와 공공 단체가 발행하는 채권은 안전성이 높지만, 일반 기업이 발행하는 경우에는 기업의 신용 등급에 따라 다릅니다. 또한 채권은 발행 주체에 따라 국채, 지방채, 특수채, 금융채, 회사채, 이자 지급 방법에 따라 이표채, 할인채, 복리채, 상환 기간에 따라 단기채, 중기채, 장기채, 모집 방법에 따라 사모채, 공모채, 그리고 보증 유무에 따라 보증 사채, 무보증 사채 등으로 분류됩니다.

우리나라의 자본 시장은 전 세계에 유례가 없을 정도로 빠르게 성장했는데, 주로 주식 시장 위주로 성장해 왔지요. 그래서 채권 시장의 발전은 다소 더뎠습니다. 채권 시장은 1997년 외환 위기를 기점으로 크게 달라졌습니다. 정부가 기업의 구조 조정에 필요한 자금을 조달하기 위해 채권 관련 제도를 재정비하기도 했지요.

채권의 수익률은 얼마나 될까요? 채권은 만기와 이자가 사전에 정해져 있으므로 수익률을 예상하기는 주식보다 훨씬 쉽습니다.

국고채는 위험도가 매우 낮은 만큼 금리가 낮습니다. 채권의 만기가 길수록 금리는 높아지는 특성이 있지요. 국고 채권의 만기가 1~3년이라면 이자율은 약 1.5%입니다. 10~30년으로 만기가 긴 국고 채권의 이자율은 대략 1.8~1.9%입니다. 이처럼 국가나 지방 자치 단체, 공기업이 발행하는 채권은 이자율이 낮은 편입니다. 궁극적으로 정부에서 보장하고 있기 때문이지요. 하지만 그만큼 채권이 부도가 날 확률이 낮습니다.

채권은 장기 투자에 적합합니다. 물론 채권도 금리나 수요와 공급에 따라 가격이 달라집니다. 하지만 주식에 비하면 그 변동 폭이 굉장히 작지요. 개인 투자자가 대량의 채권을 투자하면서 채권 가격의 변화를 따라잡기란 쉽지 않습니다. 초보자라면 만기 보유 전략을 쓰고, 큰 폭의 변화가 있을 때만 매도할지 또는 추가로 매수할지를 고민해야 합니다.

주식을 사고팔 때처럼 채권 역시 홈트레이딩시스템HTS을 통해 거래할 수 있습니다. 해외 채권, 혹은 좀 더 위험하지만 수익률이 높은 채권에 투자하고 싶다면 증권사나 은행을 방문에 상담을 받는 것도 좋습니다.

가난한 사람은
손절하지
못한다.

부자는
투자의 기준을 정하고
그에 따른다.

가난한 사람의 공부법

"손해 보고는 못 팔지. 기다리다 보면 언젠가 오를 거야."

'손절매'는 앞으로 주가가 더욱 하락할 것으로 예상되고, 단기간에 가격 상승이 일어날 것으로 기대되지 않을 경우, 보유하고 있는 주식을 매입 가격 이하로 손해를 감수하고 파는 것을 뜻합니다. 이러한 이른바 로스컷 loss-cut 을 개인뿐만 아니라 기관 투자자도 강행하곤 합니다. 매수 종목의 주가가 매입 단가에서 20~30% 이상 하락할 경우, 위험 관리 차원에서 이를 2~3일 이내에 처분하는 것을 말하지요.

이렇듯 손실을 감수하고 투자금을 회수하는 행동은 매우 중요합니다. 이는 주식에만 해당하는 이야기가 아닙니다. 어떤 것이 되었든, 살다 보면 손해를 감수하고서라도 행동에 나서야 할 때가 있으니까요.

가령 3년간 공무원 시험 준비를 했는데도 합격 가능성이 보이지 않으면 결단을 내려야 합니다. 그동안 들인 노력이 수포가 될지언정 공무원 공부를 포기할 것인가, 아니면 몇 차례 더 도전할 것인가 사이에서 결정을 해야 하지요. 하다못해 음식을 만들다가도 조리를 잘못해 이상한 맛이 나면, 이것을 버리고 다시 요리할 것인지 혹은 조미료를 계속 넣어서 어떻게든 맛을 살릴 것인지, 눈앞에 놓인 '손절매'를 두고 고민합니다.

그런데 우리는 이러한 손절매를 잘 해내지 못합니다. 아깝기 때문입니다. 이것을 전문 용어로 손실 회피 편향Loss Aversion Bias이라고 합니다. 얻는 것의 가치보다 잃어버린 것의 가치를 크게 평가하는 경향을 가리키는 용어입니다. 10만 원을 잃어버렸을 때의 상실감이 10만 원을 얻었을 때의 행복감보다 크다는 것이지요.

가령 어떤 게임의 규칙이 동전의 앞면이 나오면 상금 100만 원을 받고, 뒷면이 나오면 벌금 80만 원을 내놓는 것이라면 당신은 이 게임을 할 것 같은가요? 경제적인 기대 가치를 생각하면 참여해야 하겠지만, 실제로 대부분의 사람들은 돈을 잃을 것을 우려해 게임을 하지 않습니다.

마케팅에서도 인간의 이러한 심리적 약점을 종종 이용합니다. 이 화장품을 사용하면 더 아름다워질 것이라는 내용보다는 '이 화장품을 사용하지 않으면 당신의 얼굴에는 주름이 더 생길 것'이라고 홍보하는 쪽이 우리의 뇌리에 더 강렬한 인상을 줍니다. '안 사면 손해'라는 인식을 주는 사례도 많습니다. 흔히 홈쇼핑에서 사용되는 논리이지요. 이들은 '이렇게 좋은 제품을 당장 주문하지 않으면 수량이 곧 동날 것이다, 못 산 사람만 손해다' 하는 식의 메시지를 끊임없이 전달합니다.

실패에 대한 부담이 커질수록, 행동에 나서기는 어려워집니다. 우리나라의 청년 창업이 미국 등 선진국에 비해 소극적인 것도 이러한 손실 회피 편향과 연관이 있습니다. 우리 사회에서는 한 번의 사업 실패가 곧 인생의 실패가 되어 버릴 정도로 '패자 부활' 시스템이 잘 갖춰져 있지 않지요. 아이디어만 좋다면 기업과 정부의 투자를 받을 수 있고 설령 실패하더라도 다시 도전하는 문화가 아직 정착하지 못한 탓입니다. 실패한 경험에 가점을 준다기보다는 오히려 유별나다고 인식하는 분위기가 있는 것도 사실입니다. 그러니 창업보다는 안전한 직장을 찾게 되고, 우리나라의 성장 동력은 조금씩 약해지고 있는 것이지요.

부자의 공부법

"○○회사의 주식을 사자. 목표가는 10만 원. 대신 주가가 6만 원까지 떨어지면 뒤도 돌아보지 말고 파는 거야."

앞서 설명한 손실 회피 편향을 극복하기란 쉽지 않습니다. 심지어 전문 투자자들도 이 감정적인 함정에 빠져 더 큰 손실을 보기도 하니까요. 그런 만큼, 손해를 볼 때 과감히 행동에 나서기 위해서는 '기준'이 필요합니다.

증권사는 상장 기업에 대한 보고서를 내면서 목표 주가를 제시합니다. 보통 이 목표 주가는 6개월 혹은 12개월 후 도달할 주가를 말합니다. '(6개월 또는 12개월 후) 이 회사의 적정 주가는 얼마이니, 이 가격을 기준으로 투자하기를 권유한다'라는 정도로 볼 수 있지요. 개인이나 자산 운용사는 자체적인 조사도 진행하지만, 이러한 증권사 등에서 생산해 낸 자료를 바탕으로 기준을 세우게 됩니다.

그렇다면 주가가 떨어지면 어떻게 해야 할까요? 역시 기준이 있어야 합니다. '손절가'는 '이 가격 밑으로 가격이 내려가게 되면 팔아야 한다'는 기준이 됩니다. 증권사의 애널리스트는 종종 목표 주가와 함께 손절가를 제시해 주기도 합니다. 위로는 목표 주가가, 밑으로는 손절가가 있고, 투자자는 그 사이에서 가격의 추이를 보며 의사 결정을 하면 되지요. 기준이 없는 것보다 결정을 내리기가 훨씬 편리한 구조입니다.

　기준을 세우는 것은 주식 투자뿐만 아니라 다양한 곳에 활용할 수 있고, 실제로도 효과가 있습니다. 공무원이나 자격증 취득 시험을 준비할 때, 가령 2020년까지는 해내겠다는 목표를 세우면 동기 부여에 도움이 됩니다. 목표 달성에 실패했을 때도 심정적으로 보다 쉽게 포기할 수 있습니다.

　흔히 '포기'라는 단어는 부정적인 의미로 쓰입니다. 그러나 '포기를 잘하는 것'이 중요하다는 사실을 우리는 잘 알고 있지요. 실패하더라도 절대 포기하지 말라는 조언으로 세상은 가득 차 있지만, 끝까지 포기하지 않았던 탓에 결국 헤어 나올 수 없는 실패를 맛보게 되기도 합니다. '잘한 포기'는 다음 도전에 대한 준비라고 보는 것이 더 타당해 보입니다.

제4장

부자의 부동산 공부법

위험은 자신이 무엇을 하는지 모르는 것에서 온다.

− 워런 버핏Warren Beffett

POORMAN
VS
RICHMAN

가난한 사람은
부동산 투자에 목돈이
필요하다고 생각한다.

부자는
부동산도
주식처럼 투자한다.

가난한 사람의 공부법

"부동산 투자? 수억 원은 갖고 있어야 할 수 있는 거지. 나랑은 상관없는 일이라고."

건물 한 채 소유하고 있는 사람이 부러운 시대입니다. 길을 걷노라면 '이렇게 수많은 건물들 중에 내 것이 하나 없구나'라는 생각이 듭니다. 아마 저만의 느낌은 아닐 것입니다. 이사 갈 때가 되면 부동산에 방문해 집값을 알아보는데 비현실적인 가격이 답변과 함께 돌아옵니다. '억' 소리가 절로 나지요. 도대체 누가 이런 건물들을 가지고 있는지 궁금할 따름입니다.

우리나라의 집값은 어떻게 변해 왔을까요? 길지 않은 역사이니 한번 살펴보도록 하겠습니다.

한국에서 부동산 시장이 시작된 것은 광복 이후인 1960년대부터였습니다. 이른바 도시화가 진행된 시기입니다. 1960년대와 1970년대에 우리나라의 부동산 시장에는 그야말로 광풍이 불었습니다. 급속도로 도시화가 진행되면서 대도시로 사람들이 몰려들었지만, 가격을 조절할 제도는 없었지요. 그리고 경제가 급성장하면서 물가가 치솟았는데, 부동산은 인플레이션을 극복할 수 있는 투자 대상이었기에 자금은 더욱 부동산으로 몰리게 되었습니다. 주식이나 채권과 같은 다른 투자 대상도 없었으니 부동산 가격은 급등할 수밖에 없었지요.

그렇게 1980년대에 이르러 그 유명한 '부동산 불패 신화'가 만들어집니다. 1980년대에도 역시 경제 성장이 꾸준히 이루어지며 중산층은 계속해서 부동산에 집중적으로 투자하게 됩니다. 1986년 이후 3년 동안 평균 땅값 상승률은 30% 남짓이나 되었지요. 어마어마한 수치가 아닐 수 없습니다. 1988년에는 올림픽이 서울에서 개최되면서 우리나라 경제에 대한 자신감마저 높아지게 됩니다.

그 후 1990년대는 어땠을까요? 수십 년에 걸친 부동산 가격 상승 때문에 여러 가지 투기 억제 정책이 실행됩니다. 그러나 잘 안되었습니다. 부동산 가격은 쉽사리 내려가지 않았지요. 그러다가 '1998년 외환 위기'가 터집니다. 이때가 1960년 이후 우리나라에서 부동산 가격이 최초로 떨어진 시기라고도 합니다. 그러나 외환위기를 극복하고 경제가 다시 성장하면서 부동산 시장은 또다시 과열 조짐을 보였지요.

2000년대에 들어서면서 부동산 시장에 대한 전망은 상당히 엇

갈리고 있습니다. 한편에선 부동산 가격이 계속 상승할 것이라고 하고, 다른 한편에선 크게 떨어질 수 있으니 주의하라고 합니다. 사실만 놓고 보면, 과거에 비해 투기적 수요는 많이 감소했습니다. 그러나 도시, 특히 서울에 대한 수요는 여전히 커 일부 지역에서 집값이 상승할 여지가 있는 것도 사실입니다.

많은 사람들이 부동산에 투자해 큰돈을 벌었습니다. 그러나 그보다 더 많은 사람들이 상대적 박탈감을 느꼈지요. 특히 부동산을 직접 사는 것 외에는 부동산에 투자할 방법이 딱히 존재하지 않았기 때문입니다.

하지만 금융 시장이 발달하면서, 군이 목돈이 있어야만 부동산에 투자할 수 있는 시대는 지났습니다. 실수요 목적이 아닌 투자 목적이라면 충분히 그 목적을 달성할 수 있다는 이야기입니다.

"집이나 땅을 사야 부동산에 투자하는 것은 아니야. 괜히 금융 시장이 발달했겠어? 리츠에 투자하면 부동산에 투자한 효과를

거둘 수 있어."

부동산 리츠REITs, Real Estate Investment Trusts는 소액으로도 부동산에
투자한 효과를 거두기에 적절한 투자 상품입니다. 특히 2007년
이 상품은 많은 주목을 받았습니다. 당시 주식 시장은 과열 국면
으로 치닫고 있었고, 그와 동시에 인플레이션에 대한 우려도 컸지
요. 그런 시기에 인플레이션 위험을 줄이면서도 안정적인 수익을
얻고자 이 리츠에 대한 투자가 늘어났습니다.

어떤 부동산인가에 따라 예외는 있겠지만, 위험도 면에서 부동
산은 주식과 채권의 중간 수준이라고 알려져 있습니다. 대신 유동
성이 매우 좋지 않습니다. 사고파는 데 시간이 오래 걸리고 수수
료도 많이 내야 합니다. 부동산을 통해 집을 사거나 전 · 월세를
구해 본 사람이라면 이러한 수수료가 부담스럽다는 사실을 잘 알
것입니다. 하지만 리츠는 일종의 펀드이므로 사고팔기가 좋고, 평
생 투자하지 못할 수준의 대형 부동산에 투자한 효과도 거둘 수
있지요.

리츠에 투자하게 되면 '배당'을 받습니다. 바로 임대 수익이 배
당의 형태로 투자자에게 돌아가는 것이지요. 배당률은 주식 배당
률보다 높게 나오는 경우가 대부분입니다. 고정적인 임대 수익을

기대할 수 있다는 점에서 채권에 투자했을 때 이자를 받는 것과 비슷한 효과를 누릴 수 있습니다.

주식과 함께 리츠에 투자를 한다면, 분산 투자의 효과도 누릴 수 있습니다. 주식과 리츠의 수익 구조가 다르기 때문입니다. 쉽게 말하자면 주식이 오르거나 떨어지는 것에 리츠가 영향을 적게 받으므로, 전체적인 포트폴리오 차원에서는 훨씬 안정적인 수익을 거둘 수 있습니다.

물론 유의해야 할 점은 있습니다. 부동산 가격이 큰 폭으로 떨어지면, 펀드를 통해 간접 투자를 했다고 하더라도 손실을 보게 됩니다. 각 리츠에는 투자 설명서가 제공되는데 거기에는 자산 운용 방법과 대상, 계약 조건 등이 적혀 있습니다. 당연히 이를 꼼꼼히 읽어 보아야 합니다. 특히 임대 수익이 어떻게 바뀔 수 있는지, 부동산 가치가 어떤 위험에 노출되어 있는지에 대해 살펴봐야겠지요. 대개는 리츠를 운용하는 자산 운용사의 능력에 상당 부분 의지할 수밖에 없으니, 해당 자산 운용사가 그동안 다른 리츠를 잘 운용하고 있는지 알아볼 필요가 있습니다.

리츠는 크게 부동산에 직접 투자하는 지분형 Equity 리츠, 부동산 담보 대출에 투자하는 부채형 Mortgage 리츠, 그리고 이 2개의 리츠의 특성을 합친 혼합형 Hybrid 리츠가 있습니다. 이들 리츠는 주로 임대 수입이 있는 상업용 부동산을 투자 대상으로 합니다.

리츠에는 직접 부동산을 구입하는 경우보다 나은 점이 있습니다. 일단 조세 감면 효과가 큽니다. 부동산 취득에 따른 취득세와 등록세가 감면되니 더 우수한 수익성을 거둘 수 있지요. 또 자산 운용사가 부동산 관리 회사를 따로 고용해 한꺼번에 부동산을 관리하므로 개인이 부동산을 구입한 뒤 일일이 돌봐야 하는 번거로움이 없습니다. 앞서 언급한 대로 리츠는 펀드에 투자하는 방식이어서 투자하거나 회수할 때 편리합니다. 마찬가지의 이유로 소액 투자도 가능하지요.

당신은 부동산의 가치가 앞으로도 계속 오를 것으로 예상하나요? 그런데 돈이 없어 투자할 수 없다고 생각하는지요? 그렇다면 리츠가 그 해결책이 되어 줄 것입니다.

가난한 사람은
집 보러
부동산에 간다.

부자는
부동산 경매를
공부한다.

가난한 사람의 공부법

"부동산 경매는 아무나 하는 게 아니지. 괜히 잘못 손대면 낭패만 볼 뿐이야."

이동명 씨는 한 빌라의 1층에 있는 집을 경매로 낙찰받았습니다. 감정가는 5억 원이었는데 그보다 높은 6억 원을 써냈던 것입니다. 이 씨는 빌라 입주민의 제의로 재개발이 추진된다는 정보를 입수한 터라 과감하게 거래를 추진했습니다. 그리고 입찰 보증금 5,000만 원을 납부했지요. 그런데 낙찰 후 시세를 알아보니 감정가보다 다소 낮은 4억 8,000만 원이었고, 재개발이 논의된 적은 있으나 실제로 진행되고 있지는 않았습니다. 결국 이 씨는 5,000만 원만 날리고 경매를 포기했습니다.

자산가 이상수 씨는 근린 상가 빌딩을 35억 원에 낙찰받았습니다. 입찰 보증금 3억 5,000만 원도 납부했습니다. 그런데 상권에 직접 가 보니 유동 인구가 별로 없었습니다. 건물은 상권의 중심에 있으나 상권 자체가 죽어 버린 경우였습니다. 게다가 건물이 매우 낡아 받을 수 있는 임대료도 근처 빌딩에 비해 낮았습니다. 결정적으로 한 임차인이 유치권을 주장하며 건물의 인도를 완강하게 거부해서 추가 비용이 발생할 수밖에 없어 보였습니다. 결국 이씨는 보증금을 포기하게 되었습니다.

위 두 사례 모두 실제로 있었던 일을 바탕으로 알기 쉽게 각색한 내용입니다. 부동산 경매에는 사연 많은 건물이 많고, 더욱이 거래가 활발하지 않은 지역에서 매물이 더 많이 나오기 때문에 주의해야 할 점이 많습니다. 두 사례처럼 잔금을 내기 전에 문제점을 찾아 거래를 포기한 것은 오히려 다행이라고 할 정도이지요. 잔금까지 다 치른 다음에 심각한 문제를 알아차리게 되면 더 큰 손실을 보게 될 테니까요.

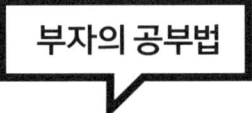

부자의 공부법

"어려운 만큼 기회가 있는 법. 부동산 경매를 통해서 내 집 마련을 해 볼까?"

부동산 경매는 일반적인 부동산 매매보다는 어렵지만 그렇다고 아주 복잡하지도 않습니다. 오히려 법원에서 진행하므로 부동산 사기 등의 위험은 없습니다. 부동산 경매는 돈을 빌려 간 채무자가 약속을 이행하지 못하면 돈을 빌려준 채권자가 직접적인 충돌을 피하고자 법원을 통해 채권을 회수하는 과정입니다. 즉, 국가 권력이 부동산을 처분해 대신 돈을 받아 주는 것이지요. 채무자는 부동산 매각 가격만큼 빚을 갚을 수 있고, 채권자는 그만큼 돈을 돌려받을 수 있습니다. 법원이라는 공공 기관에서 거래를 진행하므로 일반 부동산 거래처럼 친절하지는 않지만, 정해진 룰대로 진행되니 변수는 적다고 할 수 있습니다.

이러한 부동산 경매를 통하면 시세보다 10~30% 저렴하게 부동산을 구매할 수 있습니다. 물론 경제 상황에 따라 편차는 존재합니다. 시장은 구매자가 유리한 시장Buyer's Market과 매도자가 유리한 시장Seller's Market으로 나눌 수 있는데, 부동산 경매에서는 '얼마나 많은 집'이 경매에 나오느냐가 관건입니다.

그리고 이러한 경매 물건의 수는 금리가 높을수록 늘어납니다. 앞서 이야기했듯 돈을 빌려준 사람이 돈을 못 받게 되면 부동산을 경매에 맡기게 되는데, 금리가 높아지면 이자를 연체할 가능성이 그만큼 커지겠지요. 만약 당신이 긴 시간을 두고 경매를 통해 집을 마련하고자 한다면, 저금리 시기보다는 금리가 오른 시기에 더 저렴한 집을 구할 수 있을 것입니다.

부동산 경매 절차에 대해서 알아볼까요? 초보자에게는 복잡하게 느껴질 수 있지만 한 번만 그 절차를 따라가 보면 어렵지 않게 이해할 수 있습니다.

우선, 각 도와 광역시에는 경매를 담당하는 법원이 있습니다. 해당 지역의 경매는 관할 법원에서 일괄적으로 관리합니다. 법원은 경매하기로 결정된 부동산을 감정 평가사에게 맡겨 감정 평가서를 작성하게 합니다. 이때 결정된 감정가가 첫 입찰일의 최저 매각 가격이 됩니다. 물론 감정가는 시세와는 다릅니다. 시세는 직접 발로 뛰어서 알아내야 합니다.

배당 신청 절차가 끝나면 법원은 경매 개시 결정을 내리고 경매를 공고하게 됩니다. 이 공고를 통해 감정 평가서, 매각 물건 명세서 등을 확인할 수 있지요. 법원에서 준비한 이런 자료를 바탕으로 우리는 경매에 참여할지, 가격은 얼마로 할지 결정하게 됩니다. 경매는 입찰로 진행됩니다. 가장 높은 가격을 써낸 사람이 낙찰을 받습니다. 부동산을 낙찰받게 되면 7일 이내에 매각 허가 결정이 내려집니다. 그리고 다시 7일 이내에 해당 부동산의 이해관계자들로부터 항고가 없으면 매각 허가 결정이 확정됩니다. 법원이 정한 최저 매각가의 10%를 입찰 보증금으로 내고, 정해진 날짜까지 잔금을 납부한 후 소유권을 이전하면 거래가 종료됩니다.

매매를 법원에서 주관한다는 점, 입찰로 인수자가 결정된다는 점, 그리고 부동산에 얽혀 있는 이해관계를 직접 해결해야 한다는 점에서 경매는 일반 매매와 다릅니다. 이런 차이점 때문에 구매자들은 좀 더 저렴하게 부동산을 구입할 수 있는 것이지요.

대한민국법원 법원 경매 정보

경매 공고뿐 아니라 경매를 통해 매각된 부동산의 통계 자료를 볼 수 있습니다. 경매 절차, 용어, 서식 등에 대한 정보를 제공하며, 경매와 관련된 법률도 소개하고 있습니다.

www.courtauction.go.kr

가난한 사람은
거주 목적으로
집을 샀다고 말한다.

부자는
집을 지킬
화재 보험에 가입한다.

가난한 사람의 공부법

"난 거주할 목적으로 이 집을 샀으니, 집 가격이 오르든 떨어지든 크게 신경 쓰지 않아."

만약 주식에 1억 원을 투자했는데 그 가치가 5,000만 원으로 떨어진다면, 대부분 사람들은 망연자실합니다. 그런데 집에 대해서라면 조금 다릅니다. 3억 원짜리 집이 2억 5,000만 원으로 하락해도 "난 여기서 평생 살 거니까 상관없어"라고 말하는 경우를 종종 봅니다. 이른바 실거주 목적으로 주택을 구입했으니 가격이 오르든 내리든 중요하지 않다는 입장인 것이지요. 쓰라린 속을 달래기 위해 어쩌면 자기 합리화를 하는 것이 아닌가 싶을 정도입니다.

스톡데일 패러독스Stockdale Paradox라는 표현이 있습니다. 미국 최군위 장교 제임스 스톡데일James Stockdale은 베트남 전쟁 때 해군 폭격기 조종사로 참전했다가 포로수용소에 갇혔습니다. 그는 수십 차례의 고문에도 완강히 저항했고, 포로가 된 부하들의 고립감을 줄이기 위해 비밀스러운 내부 통신 체계를 만들기도 했지요.

최악의 상황 속에서 제임스는 잘될 것이라는 믿음과 함께, 냉혹

한 현실을 직시하면서 이를 견뎌 냈습니다. 반면, 다른 포로들 가운데 곧 나갈 수 있다고 믿었던 낙관주의자들은 시간이 흐르자 대부분 상심에 못 이겨 사망하고 말았습니다.

집값이 떨어져도 괜찮다면서 대책을 세우지 않는 것은 이처럼 '대책 없는 낙관주의'일지도 모릅니다. 세계적인 경영 컨설턴트 짐 콜린스Jim Collins는《좋은 기업을 넘어 위대한 기업으로Good to Great》라는 저서에서 위대한 기업으로 도약한 회사들의 공통된 특징을 스톡데일 패러독스라고 언급한 바 있습니다. 역경에 처했을 때 그 현실을 외면하지 말고 정면 돌파 해야 한다는 것이지요.

많은 사람들에게 집은 재산 목록 중 가장 가치가 큽니다. KB금융연구소에 따르면, 우리나라의 가계 자산 중 부동산의 비중은 75%에 이릅니다. 그러니 실제로 거주하더라도, 언젠가 그 집을 되팔거나 상속할 때 그 가치는 중요한 역할을 할 수밖에 없습니다.

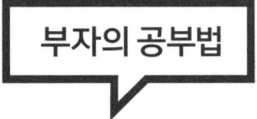

부자의 공부법

"여기서 살기 위해 집을 샀지만, 이 집이야말로 내가 가진 것 중 가장 값어치가 커. 화재 보험에 가입해 사고에 대비해야지."

집은 가장 많은 신경을 써야 하는 재산 목록 1호입니다. 그런데 많은 사람들이 생각보다 집을 관리하는 데 미숙합니다. 자동차 보험에는 누구나 가입하지만, 주택 화재 보험에 가입하는 경우는 드물지요. 주택뿐 아니라 아파트, 상점도 보험 대상입니다. 전문가들도 "자동차 보험의 수요가 화재 보험보다 훨씬 많은 것은 사실이지만, 이를 고려해도 우리나라 화재 보험 시장 자체가 비정상적"이라고 지적할 정도입니다.

자산에서 집이 차지하는 비중이 크다면 주택 화재 보험을 한 번쯤 검토해 볼 만합니다. 특히 선진국에 비해 우리나라에서 집이 차지하는 중요도는 훨씬 높습니다. 한국은 아파트 중심의 주거 문화입니다. 외국인이 와서 보면 기이할 정도이지요. 그런 만큼 화재가 발생했을 때 대형 화재로 번질 위험이 큽니다. 16층 이상 아파트의 경우 의무적으로 가입해야 하지만, 최소한의 담보로만 가입된 경우가 많습니다. 15층 이하 아파트는 기본적인 화재 보험조차 가입되지 않은 실정이이지요.

주택 화재 보험은 주거용 주택에서 발생한 화재, 폭발, 붕괴, 침강, 도난 등으로 입은 손해를 종합적으로 보장하는 보험입니다. 보험 가입 금액 한도 내에서 건물이나 가재도구의 재산 손해액을 실손으로 보상받을 수 있지요. 화재로 발생한 상해, 사망 등의 인명 손해도 보상받을 수 있습니다.

주택을 임대하고 있다 하더라도 주택 화재 보험은 도움이 될 수 있습니다. 임대한 주택에 화재가 발생해도 손해액을 보장받을 수 있습니다. 또 주택 손상으로 임차인이 거주할 수 없게 되어 임대료 손실이 발생해도 이 역시 보상이 가능합니다.

가난한 사람은
이사를
귀찮아한다.

부자는
기꺼이
전·월세살이를 한다.

가난한 사람의 공부법

"이사 가는 거 정말 귀찮네. 이번 기회에 은행에서 돈을 빌려 집을 구할까? 어차피 살 집은 필요하잖아. 조금 무리해도 괜찮아."

전·월세살이를 해 본 사람이라면 이사가 얼마나 번거로운지 잘 압니다. 이사뿐만이 아니지요. 내 집이 아니므로 문제가 생겨도 고치고 싶은 마음이 안 듭니다. 집주인에게 고쳐 달라 요청하는 것도 귀찮고, 괜한 갈등이 생기는 게 아닌가 걱정이 되기도 하지요. 또, 집을 좀 꾸며 볼까 하다가도 괜히 남 좋은 일 하는 것 아닌가 싶습니다.

서울연구원은 2016년도 주거 실태 조사 표본 중 서울 3,872가구에 가중치를 두고 조사한 결과, 생애 최초 주택을 마련하기까지 10년 이상이 걸렸다는 응답자는 33.2%나 되었습니다. 5~10년이 소요되었다는 응답자는 21.4%였지요. 절반 이상의 사람들은 최소 5년 이상이 걸린 셈입니다. 물론 1년 미만이라고 답한 사람도 26.1%나 됩니다. 조사에 따르면 생애 최초 주택을 마련할 때까지 평균 4회의 이사를 합니다.

'귀차니즘'이라는 오래된 신조어가 있지요. 전문 용어로는 현상 유지 편향Status Quo Bias이라고 합니다. 사람들은 지금의 조건에서 벗어나기를 아주 싫어한다는 것입니다. 사실 이론이라고 할 것도 없이 이는 대부분의 사람들이 평소에 느끼는 감정입니다. 가령 우리는 처음 만들어 사용했던 이메일 주소를 오랫동안 계속 씁니다. 더 편리한 다른 이메일 서비스가 나오더라도 바꿀 생각은 크게 하지 않지요.

이런 우리의 심리를 이용한 재미있는 사례가 있습니다. 장기 기증과 관련된 이야기입니다. 일반적으로 장기 기증은 당사자가 '장기 기증을 하겠다'고 선택을 해야 합니다. 선택 가입opt-in 방식입니다. 반면에 오스트리아 등의 국가에서는 다른 방식을 시행하고 있습니다. 선택 탈퇴opt-out 방식입니다. 이 경우에는 장기를 기증하는 것이 기본 사항이며, 장기를 기부하지 않기로 마음을 먹었다면 '하지 않겠다'라고 신청을 해야 하지요. 실제로 선택 탈퇴 방식이 장기 기증을 더 많이 유도하고 있습니다.

그런데 귀차니즘이 사회에 만연하게 되면 커다란 손실을 낳습니다. 문제를 해결하기 위해 어떤 일을 실행함으로써 다른 일거리가 생기기보다는, 아무것도 하지 않음으로써 유야무야 일을 넘기게 되기 때문이지요. 즉, 부작위 편향Omission Bias이라는 현상이 일어납니다. 아무것도 하지 않았을 때 돌아오는 손해보다는, 어떤 행동을 했을때 받게 될 손해를 먼저 고려하는 것입니다.

귀찮은 일을 할 때 우리는 비로소 무엇인가를 배워 나갑니다. 귀찮다는 것은 익숙하지 않다는 의미이며, 따라서 우리의 뇌는 열심히 일해야 하는 것이지요. 그리고 이런 귀찮은 일을 너끈하게 해내면서, 우리의 인내심 또한 자라게 됩니다.

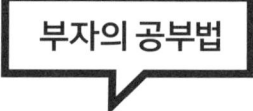

부자의 공부법

"이사 다니는 게 불편하긴 하지만 집을 구입하는 건 정말 중요한 문제야. 내가 정말 살고 싶은 곳이 어디인지 심사숙고해야 해. 집은 천천히 사야 후회가 없어."

집 사기가 어려운 때입니다. 집값은 과거에 비해 크게 올랐고, 부동산에 대한 전망은 엇갈리고 있으니까요. 전문가들도 의견이 갈리고 있는데 비전문가인 많은 사람들이 망설이는 것은 당연한 일이겠지요.

시장 전문가들은 크게 2개의 진영으로 나뉘어 있습니다. 이들 주장의 양 끝에는 대폭락 시나리오와 불패 신화 시나리오가 자리하고 있지요.

2000년대부터 시장에는 부동산 대폭락 시나리오가 존재했습니다. 특히 2018년부터 우리나라의 인구가 감소하는 것으로 알려지면서 이 시나리오는 더욱 관심을 받고 있습니다. 이른바 인구 절벽에 대한 두려움 때문입니다. 인구 절벽은 생산 가능 인구(15~64세)의 비율이 급속도로 줄어드는 현상을 말합니다.

반면, 집값이 쉽게 떨어지기 어려울 것이라고 보는 전문가들은 1인 가구가 증가하면서 실수요가 늘어나고 있으며, 도시 내 주요 지역에 대해서는 여전히 수요가 공급보다 많을 것으로 내다보고 있습니다. 그리고 해외 주요 도시와 비교해 봤을 때 가격 거품을 우려할 수준은 아니라고 하지요.

부동산 가격이 어떻게 움직일지에 대한 예측이 쉽지 않은 만큼, 우리는 다른 측면에서도 집을 바라봐야 합니다. 만약 집을 구매한다면, 어떤 점들을 염두에 두고 집들을 서로 비교해야 할까요?

우리나라에서는 단독 주택이나 빌라보다 아파트가 더 매매하기가 쉽습니다. 많은 이들이 아파트를 주거용으로 더 선호하기 때문이지요. 아파트를 비교할 때는 ① 단지의 규모, ② 내부 구조와 방향, ③ 교통 여건, ④ 교육 환경, ⑤ 조망권, ⑥ 준공 연도 등을 확인해 봐야 합니다. 만약 더욱 중시하는 사항이 있다면 가중치를 더 두면 됩니다.

결혼이나 자녀 계획이 있다면 집을 마련하는 시기를 미루는 것이 좋습니다. 집에 대한 평가는 쉽지만 내가 정말 살고 싶은 동네가 어디인지는 경험을 통해서만 알 수 있으니까요. 그리고 자녀를 키우다 보면 가치관이 변화할 때가 많습니다. 교육이 중요할 것이라고 생각했는데, 막상 육아를 하다 보니 공기가 맑은 동네를 선호하게 되는 사람들을 주위에서 자주 보게 됩니다. 전세나 월세로 특정 동네에서 직접 살아 본 뒤에 집을 살지 말지를 결정하는 것도 좋은 방법입니다. 인내심이 필요할 테지만요.

가난한 사람은
건물주를
부러워하기만 한다.

부자는
작은 상가 투자부터
시작한다.

가난한 사람의 공부법

"우리나라에선 건물주가 최고야. 부럽다, 부러워."

한 초등학교 학생이 장래 희망으로 '건물주'를 꼽았다는 에피소드가 농담처럼 돌아다닙니다. 그런 이야기를 듣는 대부분 사람들은 마냥 웃을 수가 없습니다. 실제로 우리나라에 살고 있는 많은 이들의 꿈이 바로 건물주이기 때문일 것입니다. 건물주는 그저 '건물을 소유한 사람'이라는 의미로 다가오지 않습니다. 마치 성공한 사람인 것처럼 보입니다. '조물주 위에 건물주'라는 우스갯소리도 있지요.

상업용 부동산은 은퇴자들의 투자처로 관심을 얻고 있습니다. 월급처럼 매달 수익이 발생하고, 사업처럼 특별한 재능 혹은 기술이 필요하지 않기 때문이지요. 자영업의 성공 확률이 30% 미만이라는 통계도 있어, 그만큼 건물주는 더 매력적으로 느껴집니다. 주위의 몇몇 성공적인 투자자를 보면서 은퇴자들은 상업용 부동산을 통해 안정적인 미래를 꿈꿉니다.

그런데 이 상업용 부동산 시장에 이제는 30~40대도 뛰어들고 있습니다. 특히 '꼬마 빌딩'에 대한 관심은 그 어느 때보다 높아 보입니다.

우리나라에서 건물주는 보통 상업용 건물을 보유한 사람들로 인식됩니다. 주로 거론되는 가로수길 건물주처럼 말이지요. 그런데 최근 상업용 부동산에 대한 전망은 간단하지 않습니다. 금리가 계속 오른다면 상업용 부동산 시장에 하락세가 나타날 것이라는 시각이 있습니다. 더 나아가 건물을 살 때 빌렸던 대출금의 이자를 감당하지 못하는 건물주들이 건물을 급매로 내놓을 것이라는 추측도 있습니다.

물론 반대의 시각도 있습니다. 건물주들의 월세 수익이 여전히 은행 이율보다 높으므로 상업용 부동산에 대한 수요는 줄곧 이어질 것이라는 주장입니다. 서울처럼 빈 땅이 없는 지역에서는 부동산의 가치가 계속 오를 수밖에 없다는 이야기도 나옵니다.

젠트리피케이션Gentrification이라는 용어를 들어 봤을 것입니다. 낙후되었던 구도심이 번성해 중산층 이상의 사람들이 몰리면서, 임대료가 오르고 원주민이 내몰리는 것을 말합니다. 장사가 잘되면 임대료가 올라 다른 곳으로 떠나게 되고, 그런 가게들이 사라질수록 동네는 매력을 잃게 됩니다. 그러면 찾아오는 사람이 줄고, 상권이 침체되지요. 결과적으로 건물주와 임차인 모두 손해를 보게 되는 현상이 일어나는 것입니다.

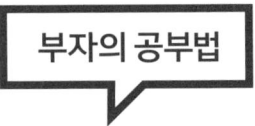

부자의 공부법

"부동산도 엄연히 위험성이 있는 투자야. 내 재산 규모에 맞는
상가에 투자해 볼까?"

상가는 수익성 상품입니다. 즉, 상가 가격이 올라 차익을 기대하
기보다는 투자자가 정기적인 임대 수입을 얻기 위해 투자하는 대
상이지요. 상가는 경기의 영향을 많이 받습니다. 그래서 상가를
상대적으로 낮은 가격에 매입할 수 있는 시기를 불경기라고 하기
도 합니다.

상가에 투자했을 때 어느 정도의 수익률을 거둬야 '괜찮은 수
준'이라고 할 수 있을까요? 지역에 따라 다르지만, 전문가들은 역
세권 상가나 단지 내 상가, 테마 상가 등은 6~7%, 상가 빌딩은
4~6%인 것으로 보고 있습니다.

이러한 상가에 투자할 때 꼭 거쳐야 할 단계가 있습니다. 현장

답사를 반드시 철저히 해야 합니다. 주거용 부동산을 매매할 때도 현장 답사는 필수이기는 하나, 상가는 더 여러 번 방문해 봐야 합니다. 시간에 따라, 요일에 따라, 날씨에 따라 유동 인구를 확인해야 하고, 넓은 범위에서 상권을 분석해야 하기 때문입니다. 그리고 주변 부동산을 여러 곳 방문해 임대료에 대해 자세히 알아봐야 합니다. 상가가 몇 층에 있는지, 대로변에 위치하는지 등에 따라 임대료에는 큰 차이가 있습니다.

투자하고자 하는 상가 인근의 임차 현황을 조사하는 것도 큰 도움이 됩니다. 그들은 고민 끝에 그곳에서 '어떤 장사'를 할지를 결정했을 테니까요. 내가 투자한 상가에도 그와 비슷한 종류의 영업을 하는 임차인이 들어올 가능성이 클 것입니다.

투자할 상가를 고르는 데에는 몇 가지 기준이 있습니다. 우선 1층에 자리한 상가인지가 중요합니다. 1층과 2층의 가치 차이는 매우 크지요. 천장의 높이도 봐야 합니다. 층고가 높을수록 사람들은 쾌적함을 느끼고, 더불어 보다 다양한 인테리어를 적용할 수 있습니다. 또한 주변에 활용할 만한 광장, 혹은 2차 공간이 있는 경우가 좋습니다. 이런 공간은 주위 상가의 가치를 높여 줍니다. 이 외에 조망권, 건물의 상징성 등도 고려해야 할 요소입니다.

상가에 투자한 후의 관리도 중요합니다. 자신이 그 상가를 직영하지 않더라도 상가의 업종에 대해서는 고민해야 하지요. 더불어, 불경기에는 비워 놓는 것보다 다소 저렴하게라도 임차인을 들이는 것이 바람직합니다. 과거의 수익률에 지나치게 집착할 필요가 없습니다.

가난한 사람은
부동산 투자가
안전하다고 생각한다.

부자는
부동산이야말로
위험한 투자라고 생각한다.

가난한 사람의 공부법

"부동산이야말로 제일 안전하지. 부동산이 어디 도망을 가나?"

'갭gap 투자'를 아시나요? 갭 투자는 전세가과 매매가의 차이gap 가 매우 적은 아파트를 매입하는 투자 방식을 말합니다. 예를 들어 매매 가격이 5억 원인 주택의 전세금이 4억 5,000만 원이라면 5,000만 원만 투자해 집을 살 수 있습니다. 전세 계약이 만료되면 전세금을 올리거나 매매 가격이 오른 만큼의 차익을 거둘 수 있는 셈이지요. 만약 매매 가격이 1,000만 원 오르게 되면, 투자자는 5,000만 원 투자로 20%에 달하는 수익을 거둘 수 있으므로 갭 투자는 많은 사람들의 관심을 끌고 있습니다.

이러한 갭 투자는 저금리와 주택 경기의 호황을 바탕으로 2014년부터 유행을 타기 시작했습니다. 여기에는 몇 가지 배경이 있습니다. 우선 금리가 낮아지면서 집주인들은 전세보다는 월세로 임차인을 들이는 것을 선호하게 되었습니다. 임차인은 상황에 따라 전세 혹은 월세를 선호하는데, 상대적으로 전세가 희소해지면서 전셋값이 오르게 된 것이지요. 역시 저금리로 인해 금융 비용이 낮아졌고, 따라서 부동산 투자도 늘어나게 되었습니다. 2014년 시행된 정부의 부동산 부양 정책의 영향도 있었습니다.

갭 투자가 얼마나 늘었는지는 통계를 통해 추정할 수 있습니다. 국토교통부는 개인들이 임대 사업용으로 등록한 주택의 수를 발표하는데, 이에 해당하는 주택은 2015년 기준 46만 가구로 2014년보다 28%나 증가했습니다. 또 임대 사업을 하겠다고 등록한 개인 사업자의 수도 2014년 9만 1,598명에서 2015년 12만 3,927명으로 크게 증가했지요. 그리고 상당수가 이런 방식의 투자로 이익을 보았을 것으로 업계에서는 추측하고 있습니다.

하지만 갭 투자에 장점만 있는 것은 아닙니다. 유동성이 떨어지기 때문입니다. 쉽게 말해 사고파는 데에 많은 노력이 필요하므로, 집값이 하락하면 큰 손실을 볼 위험이 있습니다. 집주인이 세입자에게 전세 보증금을 돌려주지 못하는 상황이 발생할 수도 있지요. 바로 '깡통 전세'가 생겨나는 것입니다. 대출 규제와 금리 상승, 경기 침체 등 부정적인 이벤트가 발생하게 되면 갭 투자는 이처럼 직격탄을 맞게 됩니다.

특히 충분한 자금 여력 없이 갭 투자에 나섰다가 집값 하락에 봉착하면 매우 위험합니다. 앞에서 언급했던 사례로, 5억 원짜리 아파트를 갭 투자로 5,000만 원에 그 소유권을 확보한 경우를 다시 생각해 봅시다. 일시적인 경제 침체로 주택 시장이 경직되고 전셋값이 하락하면 투자자는 기약 없는 장기 투자에 돌입하게 됩니다. 그리고 전세금의 하락분만큼 재투자를 해야겠지요. 최악의 경우에는 전세금을 돌려주지 못해 급매로 처분해야 할지도 모릅니다. 매입 가격보다 크게 할인된 가격에 팔아야 할 것입니다.

　게다가 문제는 부동산 전문가들조차 시장 예측을 어려워한다는 사실입니다. 특히 2017년과 같이 정권이 바뀌면 위험은 더욱 커집니다. 정책이 어떤 방향으로 나아갈지에 대한 불확실성 때문입니다. 어쩌면 여러 번 성공적인 갭 투자를 했더라도 한 번의 실패로 그동안의 차익을 모두 날릴 여지가 있습니다. 자금에 여유가 많아 갭 투자를 다양한 투자 수단 중 하나로 활용한다면 문제는 크지 않습니다. 그러나 오로지 갭 투자만으로 성공하고자 하는 것은 절대 추천하지 않습니다.

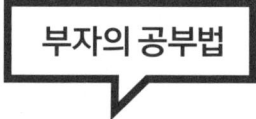

부자의 공부법

"부동산은 팔기가 어렵고 수수료도 높아. 특히 경제가 어려워지면 가격이 크게 떨어질지도 몰라."

위험만을 생각한다면 투자를 하기는 어렵습니다. 하지만 어떤 종류의 위험이 존재하는지는 파악해 둬야 합니다. 특히 부동산만의 특징적인 위험이 있습니다. 여기서는 그 위험들에 대해 알아봅시다.

1. 사업상의 위험

부동산의 수익성에 관한 위험입니다. 부동산의 수요와 공급이 달라지면서 발생하는 시장 위험과 근로자의 파업, 영업비의 변동 등 부동산 운영과 관련된 운영 위험, 그리고 부동산의 위치 때문에 발생하는 위치적 위험 등이 포함되어 있습니다.

이는 주로 주거용 부동산보다는 상업용 부동산에 관련된 위험입니다. 상가 투자가 여기에 해당합니다. 당연하게도 부동산은 움직여 옮길 수가 없습니다. 그러므로 부동산에 대한 수요가 많다가 줄어들게 되면 가격은 급락합니다. 그리고 회복되지 않지요. 근처에 새로운 상권이 생기고 유동 인구가 한쪽으로 쏠리게 되면, 개인의 노력으로는 이를 극복하기가 어렵습니다.

도시마다 오래된 상권과 새로운 상권이 공존합니다. 그리고 새롭게 떠오르는 상권은 항상 생겨나기 마련입니다. 그러므로 투자 시에 부동산의 상업성을 깊게 고민해야 합니다.

2. 금융 위험(재무적 위험)

아파트를 구매할 때 은행으로부터 돈을 빌리는 것이 일반적입니다. 상가든 땅이든 자신의 돈(자기 자본)과 빌린 돈(타인 자본)을 함께 투자합니다. 사실 이런 방식의 투자는 기업들도 흔히 활용합니다. 바로 레버리지 효과 때문이지요. 돈을 많이 빌려서 성공적인 투자를 할수록 더 많은 수익을 거둘 수 있습니다. 물론 반대급부도 존재합니다. 빚이 많을수록, 그것을 갚지 못했을 때의 손실도 커지는 것이지요.

빚을 내어서 집을 구입하려 할 때, 몇 가지 고려해야 할 점이 있습니다.

우선 이자입니다. 매달 내는 이자가 차지하는 비중이 현재 월수입의 30%를 초과하지 않는 것이 바람직합니다. 가령 5%의 이자율로 2억 원을 빌린다면 그에 대한 이자는 매달 약 80만 원입니다. 이 경우에 월 소득은 최소 260만 원 이상이 되어야 적정합니다.

한편, 부동산 가격이 20% 정도 하락했을 때 이를 충분히 극복할 수 있을 정도의 자금을 보유하고 있는가도 고려해야 합니다. 최악의 시나리오를 설정해 놓고 그 위기를 극복할 수 있는지를 시험하는 것을 '스트레스 테스트'라고 하는데, 이는 모든 종류의 투자 시에 적용해 봐야 합니다.

3. 법적 위험

부동산에 대한 규제는 명확합니다. 정해진 룰이 있으므로, 이를 다른 방법으로 극복하기는 어렵지요. 법적 위험으로 대표적인 것이 그린벨트입니다. 이 같은 용도 변경, 혹은 정책의 변화는 부동산의 가치에 상당한 영향을 미칩니다.

사실 이런 법적 위험을 명확히 파악해 두려면 담당 공무원에게 연락해 확인해 봐야 합니다. 많은 사람들이 가볍게 보는 부분이 법적 위험인데, 어쩌면 이는 부동산 가치에 가장 큰 영향을 줄 수 있는 요소입니다.

4. 인플레이션 위험(구매력 위험)

인플레이션은 화폐의 가치가 떨어지는 것으로, 부동산 투자는 이런 인플레이션에서 발생하는 위험을 줄이는 데 도움이 됩니다. 화폐의 가치가 낮아진다고 해서 부동산의 가치도 낮아지지는 않으니까요.

그런데 인플레이션은 다른 측면에서 부동산에 영향을 줍니다. 인플레이션 때문에 사람들의 구매력이 낮아지게 되고, 부동산에 대한 수요도 감소하는 것이지요. 직접적이지는 않으나 상관관계는 있습니다. 인플레이션을 방어하는 효과와 수요가 줄어드는 현상이 각각 '플러스', '마이너스'가 되는 셈입니다.

5. 유동성 위험

부동산을 돈으로 바꾸는 데에 일어나는 위험입니다. 상장 주식은 돈으로 바꾸기 쉽습니다. 사고자 하는 사람과 팔고자 하는 사람을 연결해 주는 시스템이 있고, 주식 하나하나의 가격이 그리 부담스럽지 않아서이지요. 그런데 부동산은 다릅니다. 우선 그 가격이 수억 원에서 수십억 원에 이릅니다. 그리고 거래하는 과정에서 확인해야 할 권리 문제도 많습니다. 결정적으로 매수자와 매도자가 서로를 찾아내는 데 시간이 상당히 오래 걸립니다. 빨리 팔고자 한다면, 적게는 시세의 5%에서 많게는 시세의 20%까지도 저렴하게 팔아야 합니다. 바로 유동성 위험 때문이지요.

아파트를 사려고 할 때뿐만 아니라 전세나 월세로 집을 구할 때에도 앞서 소개한 여러 위험들을 고려해야 합니다. 물론 모든 부동산이 여기에 해당하지는 않습니다. 가령 법적 위험은 매우 제한

된 부동산에만 적용될 수 있겠지요. 또 인플레이션이 극심하지 않다면 그리 걱정할 일은 없기도 합니다. 그러나 위험을 알고 투자하는 것과 모르고 투자하는 것에는 큰 차이가 있습니다. 무엇이 유리하고 또 불리한지, 그리고 위기 상황은 어떻게 극복해야 할 것인지 등을 파악하기 위해서는 구체적으로 어떤 점이 위험한지부터 알아야 하지 않을까요?

가난한 사람은
뉴스에서
부동산 정보를 얻는다.

부자는
발품을 팔아
현장 정보를 구한다.

가난한 사람의 공부법

"요새 웬만한 정보는 다 온라인에서 얻을 수 있지 않나?"

온라인은 편리합니다. 움직이지 않고도 많은 정보를 얻을 수 있고, 그 자리에서 다른 정보를 찾아 서로 비교해 볼 수 있습니다. 잘 정리된 뉴스를 보다 보면 부동산 가격에 대해 어느 정도 알게 되었다는 느낌마저 받지요. 높은 분양 경쟁률이나 신규로 분양될 아파트를 조명한 기사를 읽노라면 '나만 이대로 있다가 기회를 다 놓치는 거 아닌가?' 하는 조바심마저 납니다.

그런데 부동산 뉴스를 볼 때는 조심해야 합니다. 관련 기사의 상당수는 건설사에서 제공한 정보를 바탕으로 하기 때문이지요. 이를테면 아파트 분양에 관한 기사는 대부분 해당 건설사에서 제공한 보도 자료를 바탕으로 작성됩니다. 자료의 출처를 밝히지 않기 때문에 그 정보가 객관적으로 보일 뿐이지요. 물론 그 기사는 '좋은 아파트이다'라는 내용입니다. 더불어 뒷부분은 '최근 부동산 시장의 분위기가 좋다'는 식으로 귀결됩니다.

건설사는 언론사의 주요 광고 고객입니다. 아파트 건설 시장의 규모를 생각해 보면 당연한 이야기이지요. 아파트를 팔 때 가장 중요한 것이 '이미지'입니다. 얼마나 많은 사람들이 새로 지어진 그 아파트를 좋아하고 있는지를 보여 주는 것은 성공적인 분양과 직결됩니다. 따라서 건설사는 언론사에 상당한 돈을 지급하고, 광고성 기사는 끊임없이 생산됩니다. 모든 언론사들이 그렇지는 않지만, 온라인 환경에서 인터넷 매체의 수가 급증했기에 이런 광고성 기사를 유통하는 데에는 큰 어려움이 없습니다.

하지만 온라인상에는 가치 있는 정보도 많습니다. 한국토지주택공사에서 운영하는 온나라부동산정보www.onnara.go.kr는 전국의 토지, 주택 등 부동산 가격과 분양 정보 등을 제공합니다. 실거래가, 공시 지가, 주택 공시 가격 등도 세세하게 제공하고 있어 부동산 거래 전에 꼭 참고해야 합니다. 그 밖에도 부동산 민원 서비스, 통계 데이터 서비스와 함께 부동산 정책 등을 망라한 부동산 정보를 담고 있습니다.

KB국민은행에서 운영하는 KB부동산nland.kbstar.com도 잘 만들어진 부동산 정보 플랫폼입니다. 은행에서 운영하고 있으므로 대출 정보도 함께 알아볼 수 있다는 장점이 있습니다. 청약과 경매 정보도 잘 정리된 형식으로 보여 줍니다. 여기에 더해 전문가 칼럼, 세무 정보, 부동산 리포트 등을 발행하고 있어 부동산에 대해 공부하는 데에도 도움이 됩니다.

　범람하는 온라인 정보의 홍수 속에서 그 가치를 알아보는 방법이 있습니다. 첫 번째는 그 정보의 원천_{source}이 어디인지를 생각해보는 것입니다. 출처가 불명확하거나 정보의 내용이 한쪽에 치우쳐 있다면, 그것은 특정인의 이익을 위한 정보일 가능성이 큽니다. 두 번째는 객관적 사실에 관한 내용이 적절하게 포함되어 있는지를 살펴보는 것입니다. 주장의 신빙성을 높이기 위해서는 적절한 논리와 객관적 수치가 뒷받침되어야 하기 때문이지요.

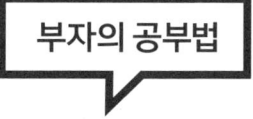

부자의 공부법

"부동산 정보는 현장에서 나와. 남보다 많이 돌아다녀야 좋은 정보를 얻을 수 있어."

　이동현 씨는 기사를 통해 서울 근교의 아파트 분양에 관심을 두게 되었습니다. 자녀가 있어 자연환경이 좋은 곳을 원했는데, 단지 주위의 녹지에 마음이 끌린 것이지요. 모델 하우스에 방문한 후

이 씨는 청약을 했고 당첨이 되었습니다.

그런데 중도금을 치른 뒤 건설 현장에 방문한 이 씨는 부동산을 통해 놀랄 만한 이야기를 듣게 되었습니다. 아파트 옆으로 송전탑이 설치된다는 것이었습니다. 아이들이 자연 속에서 자라길 원했던 이 씨에게 이것은 너무나 큰 이슈였습니다.

부동산 투자는 주식, 채권, 파생 상품 등 다른 투자와는 아주 다른 특징이 있습니다. 바로 현장 답사가 매우 중요하다는 것이지요. 부동산은 숫자로만 파악하기가 어렵습니다. 부동산의 가치는 사람이 직접 체험하면서 비로소 알 수 있기 때문이지요.

주식 투자를 잘하기 위해서는 기업의 재무제표를 끊임없이 살피는 습관을 들여야 합니다. 부동산의 경우는 그것이 바로 현장 답사입니다. 전에 가 본 적 없던 지역에 가게 될 때마다 부동산에 방문해 그곳 분위기를 들어 보는 것도 좋습니다. 설령 그 지역에 투자할 생각이 없더라도 말이지요.

현장 답사에도 순서가 있습니다. 우선 대중교통을 이용해 답사하고자 하는 지역으로 향하는 것이 좋습니다. 대중교통이 얼마나 편리한지 혹은 불편한지를 직접 체험해야 합니다. 지도에서 보는 것과는 다를 때가 많기 때문이지요.

그다음은 골목골목을 직접 걸어 봐야 합니다. 마치 미로를 헤매는 것처럼 동네를 돌아다니다 보면 새로 지어진 건물이 얼마나 있는지, 노후화되어 사람이 살지 않는 곳은 없는지, 상가는 얼마나 들어와 있는지, 서점이나 영화관, 운동 시설 등 편의 시설은 어디에 있는지를 알게 됩니다. 이런 방식의 답사를 몇 차례 하다 보면 부족한 점까지도 파악할 수 있지요. 가령, '동네에 소아청소년과 의원이 없어서 아이들이 아플 때 번거로울 수 있겠다' 하는 데까지 생각이 미치는 것입니다.

이처럼 발품을 파는 답사 이후에 부동산을 찾아가면 좋습니다. 동네에 대해 어느 정도 알고 나서 방문하면 질문할 수 있는 것이 많을뿐더러, 부동산에서도 '이 사람은 어느 정도 알고 왔구나' 하고 생각해 실황을 좀 더 솔직하게 이야기해 줍니다. 부동산 중개인이 그 지역의 장점만 늘어놓는 상황을 피할 수 있습니다.

부동산에서 시세를 파악한 다음 다시 현장에 가 보면, 내가 관심 있는 부동산의 가격이 상대적으로 높은지 혹은 낮은지를 판단할 수 있습니다. 현장 답사도 없이 부동산으로 직행했다가 현장을 방문한다면 매도자가 원하는 가격이 어느 수준인지 가늠하기 어려울 것입니다.

현장 답사의 마지막은 해당 부동산이 위치한 동네에 온종일 있어 보는 것입니다. 쉬기도 할 겸 동네를 즐기는 것이지요. 밥도 사

먹고 산책도 하다 보면 동네의 분위기를 느낄 수 있습니다. 어떤 사람들이 사는지, 아이들은 많은지, 골목에 차는 많이 다니는지, 동네가 시끄러운지 또는 조용한지 등, 부동산에서 알려 주지 않는 정보를 얻게 되지요. 이 같은 정보는 최종적으로 의사 결정을 할 때 많은 도움이 될 것입니다.

부자의
돈공부
빈자의
돈공부

1판 1쇄 인쇄 | 2017년 9월 18일
1판 1쇄 발행 | 2017년 9월 25일

지은이 심두보(온유)
펴낸이 김기옥

프로젝트 디렉터 기획1팀 모민원, 정경미
커뮤니케이션 플래너 박진모
경영지원 고광현, 임민진, 김주현
제작 김형식

디자인 제이알컴
인쇄 · 제본 현문

펴낸곳 한스미디어(한즈미디어(주))
주소 121-839 서울시 마포구 양화로 11길 13(서교동, 강원빌딩 5층)
전화 02-707-0337 | 팩스 02-707-0198 | 홈페이지 www.hansmedia.com
출판신고번호 제 313-2003-227호 | 신고일자 2003년 6월 25일

ISBN 979-11-6007-189-4 13320

POORMAN
VS
RICHMAN